Educar

pela recreação

Educar
pela recreação

Maria Junqueira Schmidt

LICEU

Educar pela recreação
Maria Junqueira Schmidt
1ª edição - Maio de 2021

Título original: ***Educar pela recreação***

Os direitos desta edição pertencem a Edições Liceu - Grupo Logos Educacional
Rua Maria José Balzanelo, 391
CEP: 86170-000 - Sertanópolis - PR

Preparação de texto:
Maria Julia de Oliveira Fófano

Revisão de provas:
Lucas de Oliveira Fófano

Capa & diagramação:
Lucas de Oliveira Fófano

Editor:
Lucas de Oliveira Fófano

Distribuição:
CEDET - Av. Comendador Aladino Selmi, 4630
Bairro San Martin
CEP: 13069-096 Campinas - SP
Telefone: 19-3249-0580
e-mail: livros@cedet.com.br

cedet.

Sumário

Duas palavras

É fato incontestável que nossa civilização do trabalho está se encaminhando rapidamente para o que poderemos chamar de civilização do lazer.

A utilização das técnicas modernas de progresso nas horas livres vem exercendo influência tão poderosa na mentalidade de jovens e adultos que se torna urgente, para pais e educadores, enfrentar esses novos instrumentos de formação da nacionalidade.

A mensagem do cinema, da televisão, do rádio e dos esportes comercializados, da literatura sensacionalista, atuando sobre a sensibilidade angustiada da nossa época, pode bem levar a sociedade a uma desintegração desastrosa, por força de sua ação materializadora.

Estudando as funções dos meios modernos de recreação e de suas respectivas possibilidades educativas, poderemos, entretanto, empregá-los com imenso proveito, integrando-os num sistema de valores que darão unidade à nossa vida e equilíbrio à nossa personalidade.

Estamos convencidos de que a felicidade se encontra principalmente na faculdade de "transformar o dever em alegria" e que "a busca violenta dos prazeres imprime a estes certo cunho penoso de deveres a cumprir". Com efeito, a sabedoria está na capacidade de, milagrosamente, transfigurar e exaltar o cotidiano, cultivando um estilo de vida isento de necessidades artificiais; e, só em segundo lugar, do saber tirar o máximo partido do extraordinário para a renovação, o aperfeiçoamento e o pleno rendimento de nossas potencialidades.

> "O brinquedo não é panaceia. Só a criança de boa inteligência é capaz de desenvolver, por meio dele, o *insight*, isto é, a profunda compreensão de si e dos outros."

Este livro destina-se, pois, à divulgarão singela das riquezas pedagógicas que encerram as técnicas recreativas, mas também ao estudo dos efeitos mágicos do espírito recreativo, disposição interior que dá colorido à nossa vida e estabilidade à nossa felicidade íntima. Salienta, outrossim, os meios de que dispomos para integrar o lazer num sistema de valores.

Oxalá possa ele despertar nos pais e nos educadores a mística da alegria de viver, E convencê-los de que é liberadora a educação que se processa pelo brinquedo racional e pela recreação adequada.

A Autora.

I – FINALIDADES DA MODERNA PEDAGOGIA

O que quer atingir a moderna pedagogia?

Educar não é só ensinar a ler, a resolver um problema, a dar forma a um pensamento. É principalmente atender às necessidades do desenvolvimento da criança, a fim de prover à plena realização da sua personalidade, tanto no plano humano como no plano sobrenatural; cumpre, pois, fornecer-lhe oportunidades para experiências significativas dentro desses objetivos, numa atmosfera de segurança e de afeição, num meio ao qual a criança sinta que pertence, do qual ela é parte integrante, e pelo qual é aceita tal qual ela é.

Devemos, em conseqüência, desenvolver em nossos filhos atitudes construtivas que possibilitem superior ajustamento à vida, como sejam: saber assumir responsabilidade; conseguir autossuficiência; ter o gosto da iniciativa; ser capaz de autoexpressão; adaptar-se satisfatoriamente aos grupos; amar a coragem; cultivar o ser interior.

Para tal, é preciso que o lar e a escola satisfaçam os interesses profundos através do brinquedo, da aprendizagem e do trabalho. Até aos sete anos a criança é um ser que brinca; mas dos sete em diante, ainda brinca, porém, é também máquina-de-aprender e de trabalhar. A necessidade de *autoexpressão* é mais premente ainda que a necessidade de *sobrevivência*. Ela se satisfaz nas atividades criadoras, proporcionando expansão às idéias e aos sentimentos, possibilitando assimilar alegrias e eliminar as frustrações de cada dia. Realiza-se também pela satisfação das curiosidades próprias de cada idade e da necessidade de esforço, bem como pela integração nos grupos através de atividades recreativas e socioculturais. Esse programa deve ter em mira a autossuficiência, isto é, a libertação da tutela da família sem choques nem rompimento. Por isso mesmo, é essencial que essa atuação se faça num ambiente em que alternem judiciosamente liberdade e autoridade. É o direito de escolha que leva a autoafirmação. Se dermos às nossas crianças responsabilidades compatíveis com a idade, com caráter de jogo-trabalho, se estimularmos a coragem em todas as situações, mesmo as mais banais, conseguiremos obra de realização plena do eu.

Todas essas atitudes se aprendem não tanto pelo ensino quanto pela vivência. "Viver situações significativas é que leva ao amadurecimento." A educação não é apenas uma técnica: ela procede das disposições íntimas do educando, criadas principalmente pelas vivências. E senão vejamos.

Saber assumir responsabilidades

Em casa, como na escola, a criança deve ter obrigações, participar de projetos ao seu alcance, escolher atividades de serviço que lhe dêem prazer. Nos lares onde não há empregados, essas tarefas surgem naturalmente. E como a criança gosta muito de ajudar, para exercer seu desejo de mando e de poder, quando o trabalho assume uma feição de brinquedo e não de prebenda, é fácil levá-la a tirar o pó da parte inferior dos móveis, a varrer com vassourinhas coloridas, a arrumar os brinquedos, a lavar roupinhas não só da boneca, mas da casa, a capinar o jardim, regar as plantas, pôr e tirar a mesa, lavar a louça, fazer a cama. Há lares em que existem regulamentos de grande valor formativo. Ex.: Cinco anos: responsável pelo telefone, pela campainha da porta. Seis anos: pode abrir a geladeira, é responsável pela limpeza do banheiro etc. Essas atividades são utilíssimas desde que sejam livremente aceitas, motivadas pelo prazer de participar da vida do grupo familiar ou escolar. É nesse brinquedo-trabalho que a criança sente a utilidade de sua cooperação e compreende o seu papel na pequena sociedade a que pertence. E se nessa sociedade reina uma atmosfera de boa-vontade e de gentileza, ela será levada, de vez que é pela imagem de vida que se opera a educação, a aceitar com alegria o papel que lhe for destinado nas ocupações diárias no lar e fora dele. Como era hábil a atitude das nossas avós quando distribuíam semanalmente aos filhos as tarefas caseiras, formando-os na aprendizagem do trabalho e, por meio dele, na arte de viver em grupo!

Conseguir a auto-suficiência

Bastar-se a si próprio é riqueza para o indivíduo e para a sociedade. Aliás a criança traz consigo o desejo irreprimível da independência. É alta sabedoria ir de encontro à "marcha para a autonomia", que é sinal de vitalidade. O adulto só deve auxiliar a criança naquilo que ela não puder fazer por si. E só deve limitar-lhe a liberdade quando houver perigo de ferir as suas conveniências ou direito dos outros. Quanto mais cedo a criança se libertar do adulto para as suas decisões, a sua crítica, a sua criação, tanto melhor. Deixemos que ela ensaie as suas forças; só devemos intervir quando ela atingir o limite de sua capacidade. Vestir-se, calçar-se, comer sem auxílio, sentar-se na cadeira ou subir na cama, levantar-se sozinha quando leva um tombo, são situações que levam à autossuficiência. Cumpre, pois, estimular o desejo de chegar às realizações do adulto. A família não é um campo de batalha onde há vencedores e vencidos. É um laboratório em que o pequeno ensaia constantemente as suas forças. Esses ensaios têm de ser orientados e não suprimidos.

Ana Maria tinha dois anos. Conseguiu uma noite descer da cama e subir sozinha. Depois de repetir várias vezes a façanha, vem triunfante contar sua vitória às visitas que conversavam com a mãe. A acolhida entusiástica dispensada a esse marco de progresso foi um incentivo para outros exercícios de coragem e de iniciativa. Tivesse ela sido repreendida, a euforia de ter crescido em experiência teria sido recalcada e transformada em ressentimento.

Habituemos a criança pequenina a ocupar-se sozinha. A não ser parasita do adulto. Concedamos-lhes, como presente régio, uma hora diária da qual possa dispor livremente, contanto que fique só e dentro do seu quarto: ela formará o hábito da organização dos seus lazeres. Quando ela se cansa, entramos em cena com nosso auxílio para que encontre novos interesses. Nem abandono nem superproteção. Ambos levam à tirania e ao tédio. Moderação na assistência. Meio-termo nas manifestações de afeto.

A criança que quer ficar bebê é aquela que, depois de adquirir hábitos de autonomia, volta às atitudes de idades anteriores. Tem problemas que exigem tratamento. A atitude normal é a de querer crescer depressa para conseguir fazer tudo quanto o adulto realiza.

Desenvolver a iniciativa

A fim de alimentar esse desejo de crescimento, a criança deve poder fazer escolhas e tomar decisões. Escolher seus brinquedos e suas roupas, dar preferência a este ou àquele projeto. Tomar parte na organização dos programas de festas, de passeios, dos passatempos da família. São as manifestações criadoras que mais levam à realização da personalidade e à liderança. Tudo quanto não seja prejudicial nem a si nem aos outros pode ser permitido, embora sejam irritantes o barulho, a correria, as solicitações constantes. A criança precisa de espaço para se movimentar e para movimentar seus brinquedos. Precisa repetir cem vezes o mesmo gesto para aprender. Precisa expandir até o esgotamento suas cargas emocionais. O papel do educador é pacientar-lhe o ritmo especial, respeitar os vagarosos e aturar os agitados, atender às diferenças individuais, mobilizar a atividade e não restringi-la como o fazia a escola antiga.

A criança sadia é cheia de recursos. Tem impulsos irreprimíveis para a arte. Tem um gênio inventivo assombroso. É cientista, pois tudo quer submeter à experiência. O lar e o jardim da infância devem estar preparados para saber desenvolver essas riquezas. A recreação, quer a espontânea, quer a dirigida, cria e sugere interesses mais variados, respondendo assim ao dinamismo da personalidade que desabrocha.

A participação do adulto nas iniciativas infantis deve ser discreta. Estímulo mais do que sugestão. A criança que realiza sua idéia está se autoafirmando. Ela precisa de plateia, muitas vezes, apenas para aprofundar os seus planos e obter de si própria continuidade nas atividades. Mas, o brinquedo que ela inventa é o que lhe traz maior alegria.

Ser capaz de autoexpressão

Sabemos hoje que a pessoa humana se realiza plenamente quando tem meios de expressar suas virtualidades. Um pintor que não conseguisse meios de pintar nem tão pouco de encontrar aprovação para suas telas, carregaria consigo um mundo de frustrações. Conheci uma senhora de sessenta e cinco anos, muito instável, de gênio difícil, que se estabilizou ao descobrir sua vocação para a pintura. A linguagem, embora seja o processo mais usual da expressão, não é o único meio de traduzir o que vai no íntimo da alma. O ritmo, a música, a dança, a pintura, o desenho, a modelagem, a dramatização são reveladores daquilo que a criança não sabe exprimir. Essa a razão principal da ênfase que tomou a recreação na Escola Nova. Se quisermos conhecer a criança, vamos observá-la quando está brincando; interpretemos seus desenhos; estudemos suas expressões fisionômicas quando toma parte num brinquedo cantando ou numa bandinha rítmica. Há as que manifestam toda violência no jogo ou nos instrumentos, há as que se agitam e há as felizes que ostentam um sorriso eufórico. Esta se isola e aquela se agrega. Umas mandam e outras obedecem. Umas se abstraem e sonham, mal acompanham os movimentos quando em atividades de grupo; outras se integram e participam e lideram. Enfim, na recreação revelam-se ostensivamente o temperamento e os conflitos interiores.

Adaptar-se satisfatoriamente aos grupos

A integração nos vários grupos — da família, da vizinhança, da escola, da igreja, do brinquedo — é também impulso irreprimível do indivíduo e é essencial à boa organização da sociedade.

> "O processo do grupo contém o segredo da vida coletiva, é a chave da democracia, a maior lição que se possa aprender e nossa maior segurança para a vida política, social e internacional do futuro."

Com efeito, a atitude social é a culminância da ascensão espiritual. Viver para os outros é máxima do Evangelho, mas só é realizada à custa de aprendizagem longa e penosa.

Integrar uma criança num grupo é trabalho que exige técnica da parte do educador. O pré-escolar brinca ao lado dos outros, mas isolado. Sua atitude é egocêntrica. No jardim de infância surgem os primeiros ensaios de socialização. Todavia, é só na puberdade que aparece o verdadeiro sentido da equipe.

Quando não supervisionados, os grupos são sujeitos a formações defeituosas: os mais fortes podem tentar eliminar ou subjugar os mais fracos; ou então, concessões podem ser feitas por parte dos grupos no sentido de garantir a vitalidade do todo; às vezes ainda, o grupo subdivide-se e age em separado, enfraquecendo muitas vezes o espírito de fusionamento das vontades e das energias. A orientação do líder é que garante esse trabalho vitalizador de fusionamento. Só mesmo quando a liderança é adequada é que se forma uma verdadeira equipe, cuja ação é, pois, a resultante do esforço coletivo.

A equipe é feita de integração, e se caracteriza pelo propósito de realizar alguma coisa. É uma personagem nova que se cria. É o "nós" composto, não de soma, mas de envolvimento, de colaboração consciente e espontânea, de compreensão de cada um de seus membros. A virtude fundamental da equipe é o respeito à palavra empenhada. A equipe desenvolve o sentido de honra do compromisso assumido. Qualquer traição ao grupo é severamente julgada. A equipe caminha para a identificação. São esquecidas as diferenças individuais. É desenvolvido o preconceito da simpatia. Há uma disponibilidade para o dom que supera a sensibilidade dos membros do grupo. Estes não perdem suas características de temperamento; mas se aceitam de bom grado, embora se choquem às vezes, em razão mesmo do ideal prosseguido. Aliás o conflito não tem importância: o que importa é a solução que lhe é dada.

O poder educativo do grupo reside exatamente nesses seus processos de "dar e receber, de combater e aceitar, de exigir e de ceder, de diferenciar e de fundir", desde que presidam a esses processos finalidades elevadas determinantes da sublimação, tais como o senso de responsabilidade pessoal e coletiva, o desejo de aproveitar ao máximo o valor de cada um, a preocupação de oferecer oportunidade às minorias ineficientes. O índice de uma boa equipe é de ser ardente e cheia de entusiasmo; obter identificação fervorosa em torno de um valor; mostrar fraternidade nos bons tanto quanto nos maus momentos; gozar como próprias as vitórias dos companheiros e sofrer com suas derrotas. O comportamento autoritário ou demissionário anula o rendimento da equipe.

A lealdade para com a equipe consiste exatamente em colocar os interesses do grupo acima das preferências e ambições pessoais.

> "O que mais importa na vida de um grupo não são propriamente suas demonstrações; é, acima de tudo, a qualidade das relações humanas estabelecidas entre seus membros."

Se um campeonato intercolegial não traz maior solidariedade aos componentes dos diferentes grupos e melhor aceitação das vitórias alheias é porque não houve técnica educativa no preparo da competição. Com efeito, o espírito de competição que anima uma equipe não deve criar nela o desejo de diminuir o adversário: ele deve imperar principalmente no íntimo do próprio jogador; deve ser o estímulo permanente para um esforço pessoal cada vez maior.

O *bando* difere da *equipe*. É um agrupamento ocasional e não tem propósitos determinados.

O isolamento social deve começar a desaparecer já a partir do 3° ano de vida, embora seja aos quatro anos que o pequeno sinta gosto em brincar com outros. Daí em diante causa tristeza e até mesmo pode se tornar tragédia o sentimento de não pertencer a um grupo. Um pequeno de cinco anos tinha crises agudas de dores de ouvido. Quando falavam em médico, ele gritava: "O remédio é Maria Inês" (a vizinha de sua idade). O pequeno que foge do convívio dos companheiros deve ser examinado com atenção. O comportamento é um sintoma; a nós incumbe descobrir-lhe a causa. Assim uma criança retraída, esquiva, desinteressada, pode sofrer de abandono afetivo, de ciúme infantil, de superproteção: a autossegregação tem raízes no inconsciente. Ela precisa readquirir a segurança perdida. O grupo de brinquedo pode restituir-lhe a confiança em si. O educador não pode forçá-la a brincar, mas deve, como diz Ruth Gouveia, "expô-lo a tentação do brinquedo"; tornar fácil o seu ingresso no grupo; apoiá-la discretamente para que seja tolerada, aceita, solicitada; brincar com ela, sem dirigi-la, retirando--se aos poucos para lhe deixar total iniciativa.

Nos anos que precedem a adolescência, o menino procura aprovação do grupo mais ainda que a do adulto. Daí a necessidade do jogo, tanto o espontâneo quanto o supervisionado. Se queremos desenvolvimento social adequado, precisamos proporcionar atividades recreativas adequadas.

Muitos dos problemas sociais das crianças provêm do esforço errado que empregam os pais para obter delas apenas conformidade. A recreação é um sedativo para a irritação que pode causar esse comportamento conformista exigido pela pedagogia autoritária, permitindo ao temperamento a livre expressão de suas forças. Ela age, nesse caso, como uma válvula de segurança que alivia a pressão excessiva causada pela censura dos adultos.

A recreação leva à aprendizagem da disciplina. Todo jogo tem suas regras. Ora, sendo o interesse a base mais sólida da disciplina na criança e no adolescente, é óbvio que é o jogo, polarizador do interesse por excelência, o meio mais eficaz para obter um conformismo ativo, porque intimamente aceito, aos padrões de cultura. Não se trata de deixar a criança fazer tudo o que quer, mas de levá-la a querer aquilo que faz. As atividades recreativas interessam por si, isto é, são portadoras de um interesse intrínseco. Decorre daí que a sua disciplina é espontânea, de vez que favorece a liberdade, a iniciativa, a necessidade de movimentação. No jogo, como no esporte, como nos passatempos, há ocasião constante de esforço, de sacrifício, de concentração de espírito, de reconhecimento dos direitos alheios. São eles, por conseguinte, excelentes corretivos para a atitude viciada dos desajustados, os quais desejam, em via de regra, "levar a maior vantagem possível com o menor esforço possível".

Visar à coragem

A coragem não é somente uma qualidade ou um traço de caráter. É o elemento criador, por excelência; é o dínamo que torna possível o aperfeiçoamento da personalidade. "Todos os nossos atos, todos os nossos sentimentos, todos os nossos pensamentos levam a marca do nosso grau de coragem." A coragem física e a coragem moral são interdependentes: dificilmente se desenvolve uma sem a outra.

A coragem e o heroísmo existem em cada um de nós em estado latente. Cumpre estimulá-los desde o berço, dando-lhe preeminência entre as qualidades a serem cultivadas.

O heroísmo não é um luxo: é o emprego da totalidade das nossas forças construtivas. O soldado no fragor da batalha, o crente que afirma em público a sua fé, o aluno que impede uma greve e que se rebela contra um falso conceito de coleguismo enfrentam situações que fazem apelo às energias máximas da personalidade.

A tese da "possibilidade do impossível" deve ser sustentada pelos educadores, especialmente diante do adolescente ao qual agrada o desafio às dificuldades. "O impossível pode ser dividido numa série de pequenos possíveis."

Para ser corajoso, é necessário crer nas suas possibilidades. É preciso esforçar-se, persistir na luta, agir, evitando a racionalização. "Uma capitulação, dizia Péguy, é essencialmente uma operação que consiste em explicar ao invés de agir." Os covardes são os indivíduos que abundam em explicações. O método do corajoso é atacar diretamente o mais difícil, a tarefa ingrata e penosa, aquilo que fero o amor próprio. Assim, cumpre treinar a criança a fazer primeiro o que é sacrifício, a confessar sem delongas os seus erros, a recusar o lazer enquanto não estiver satisfeito o dever.

O que desencoraja a criança são as preferências e as comparações que desenvolvem sentimento doloroso de menos valia e de abandono; são as acusações injustas, revoltantes, que sugerem represálias; são as etiquetas de mentiroso, desajeitado, burro, grosseiro, brigão, sujo, desordeiro; é o perfeccionismo que desestimula porque exige o impossível; enfim, é o intervencionismo que corta as asas ao pássaro que ensaia seus voos estuando na alegria das primeiras conquistas!

Os meios de formar nessa disposição vital para o equilíbrio são o exemplo vivo dos adultos e o exemplo sugestivo das histórias. Os pais deveriam procurar atingir a serenidade, a qual significa a paz consigo mesmo, como fruto de uma aceitação generosa da luta interior pela retificação da conduta como condição normal da vida. A história reforça a sugestão do exemplo. A resistência dramática dos cristãos no Coliseu e nas Catacumbas; a renúncia inaudita de São Damião no meio dos leprosos; a audácia de uma Joana d'Arc ou de um Cristóvão Colombo; a serenidade de Anchieta, a bravura dos Bandeirantes ou a tenacidade do Aleijadinho são imagens-força que atuam sobre a imaginação e movem a vontade hesitante dos jovens.

O perigo desperta o heroísmo latente; cumpre aproveitar todas as ocasiões difíceis para valorizar o ato de coragem. Por outro lado, evite-se toda e qualquer situação que possa gerar o medo.

O medo é uma reação normal. Assim, por exemplo, o bebê receia sempre que o deixem cair. E o adulto, irrefletidamente, gosta de atirá-lo para o ar — brincadeira de mau gosto que vem aumentar o seu pânico. A falta de alimento quando sente fome e a ausência da mãe rompem o seu equilíbrio afetivo. O ruído, a figura estranha, a mudança de situação, a escuridão, os seres que se movem, em geral o atemorizam.

Poucas, entretanto, são as noções que a criança tem do perigo. É preciso iniciá-la naquilo que lhe pode ser prejudicial, é bem verdade. *Safety first*, repetem os americanos aos pequeninos. Isso não impede que se faça logo distinguir a prudência da covardia.

Quando a criança cai e se machuca, a atitude calma da mãe é um incentivo a que se levante e a que domine a emoção. Já se disse que o pequeno de dois anos que sozinho se ergue de uma queda será provavelmente o adulto que, aos trinta, resolverá suas dificuldades sem precisar de auxílio.

Diante de qualquer choque, a serenidade materna será uma lição de controle que fortifica o sistema nervoso infantil. A cada experiência nova, o pequeno interroga o semblante da mãe: é ele que vai ditar a sua reação. Não foi ele, acaso, que criou o terror das baratas, dos ratos ou das lagartixas?

O otimismo habitual dos pais, a atmosfera de paz na família, a atitude de segurança, o regime de confiança e de estímulo, o castigo que priva de um prazer e incentiva a retificação da conduta e não aquele que amedronta ou humilha, eis os fatores que melhor desenvolvem a coragem na pequenina infância. A coragem física é, em via de regra, decorrente da confiança que o menino deposita na mãe.

A linguagem usada com a criança também influi na educação da coragem. A palavra "coitadinho" deveria ser banida do vocabulário materno. Em seu lugar, deveriam ser usados freqüentemente os vocábulos: valente, audaz, corajoso, bravo, destemido, heróico. Diante de um acidente ou fracasso, cumpre despertar o desprezo pela dor, o prazer de enfrentar uma dificuldade, a glória de não se queixar e de recomeçar. Podemos mostrar que compreendemos o sofrimento; mas, desdramatizando-o, ajudamos a dominá-lo. Evitem-se, também, nas ocasiões de decepção, as frases tão comuns: "Eu bem que avisei. Eu bem que dizia..." Os pequenos têm que fazer suas experiências. O que importa é que saibam suportar-lhes as conseqüências, tirando delas lições para a vida.

Se o menino é tímido, cumpre encorajá-lo para que inicie um trabalho, certo de que há de levá-lo a bom fim: "Experimenta. Outros conseguiram, por que não há você de conseguir? Se não acertar da primeira vez, não faz mal." "O único homem que não comete erros, dizia Roosevelt, é aquele que nunca fez algo de significativo." Se as dificuldades surgirem, é o momento de explicar que elas são permitidas por Deus a fim de que imploremos o seu auxílio; ademais, são provas da confiança que a Providência Divina deposita na capacidade dos homens. A dificuldade é vencida pela decisão. Nada de contemporizações. A tarefa escolar é difícil? Vamos direto a ela. Não a deixemos para o dia seguinte. Há uma falta a acusar? Seja ela confessada diretamente, sem protelações. A franqueza infantil deveria encontrar sempre acolhida generosa, impregnada de respeito. Primeiro perdoar, depois castigar. É o método de Cristo.

Cumpre ainda fazer o elogio da coragem como força rara de atração, de influência, de liderança. Alguns pais avisados lançam os filhos no risco, dizendo: "Quem não se atreve, nunca fará nada de bom". Repetem a atitude de Sêneca, tão conhecida: "Não é porque as coisas são difíceis que nós não ousamos; é porque não ousamos que as coisas são difíceis".

A vida não deve ser simplificada para poupar a criança, pois a mentalidade pueril é vencida exatamente pelas vitórias alcançadas. "O pior risco, diz Berge, é o risco de não ter corrido nenhum risco."

Certa vez vi um menino de quatro anos ser repelido violentamente por um grupo de crianças. O pequeno, muito autoritário, era, não raro, expulso dos jogos. Tive ímpetos de falar com o grupo e de conseguir harmonizar o conflito. Contive-me, entretanto. O pequeno lucraria mais refletindo na causa do seu fracasso. De fato, com o tempo, ele fazia as concessões necessárias para ser desejado. E acabou por aprender a diplomacia infantil. É preciso saber distinguir entre diplomacia e covardia.

Na infância, como na adolescência, há momentos difíceis para os quais deve haver preparação prévia: a entrada para a escola, a aceitação de um irmão mais novo, as crises da adolescência. Essa preparação consiste na análise das causas do sofrimento previsto. Consiste principalmente em despertar o desejo de luta, a vontade de crescer, de emancipar-se da tutela da família, de ser homem, de resolver os problemas por si. Bom índice é o da criança que recusa auxílio para se vestir, para comer, para fazer a tarefa escolar, para resolver suas brigas com companheiros e suas dificuldades na escola.

A briga da criança, chegando até à luta corporal entre os meninos, embora não deva ser aprovada ostensivamente, é, às vezes, meio de vencer a timidez, o medo físico. Num jardim de infância modelo, em Chicago, dois meninos de cinco anos lançaram-se, certa vez, numa briga violenta de pontapés e bofetões. Quando já muito machucados, vieram se queixar à professora. Esta disse-lhes baixinho:

> "Vocês é que criaram o problema; agora, vocês é que têm de resolvê-lo. Enquanto não pararem de brigar, não poderão vir ao parque para onde vamos agora colher flores da primavera".

Na mesma hora, cessou a briga, e os dois meninos, já reconciliados, se prepararam para sair com a turma. A violência pode ser, entretanto, expressão de insegurança. Quando se torna sistemática, precisa ser analisada e devidamente tratada.

A coragem no trabalho é aquela que aceita prazenteiramente o esforço exigido pelas responsabilidades e capacita ao maior rendimento. A coragem social integra adequadamente nos grupos. A coragem sexual ousa freqüentar com naturalidade e honestidade o sexo oposto.

Habitue-se a criança, por meio de uma estrutura norte do cotidiano, a realizar sacrifícios voluntários para fortalecer a vontade. A obediência a um horário é fator excelente de disciplina. Prever as dificuldades é hábito que auxilia a vencer as tentações de transigências.

O ideal da personalidade "de fibra" é cultivado especialmente nos jogos de grupo e no esporte. Ambos corrigem a paralisia provocada pelo respeito humano. Ambos exaltam a coragem física. Mas é preciso que o recreacionista favoreça a transferência desta para a coragem moral. Basta, para tanto, que seja dada invariavelmente a preeminência ao valor moral, à ética do jogo, ao *fair-play*. Essa a ascese que se deve esperar dos jogos de grupo e da prática do esporte.

Cultivar o ser interior

Trazemos em nós dois seres: o exterior e o interior. O ser *exterior* é aquele que trabalha, que se agita, que entra em relação com os outros. O ser *interior* é o que inspira e dirige o ser exterior. "Ele é a cabeça, o outro é a mão". É o chefe supremo do exército que ninguém vê, mas que organiza o plano de combate. Dispõe de múltiplas forças ativas; ele as ordena para uma só finalidade. Daí o seu poder. Se ele vem a faltar, o exército se desbarata em vãos esforços.

Assim é o homem. Ele age quando obedece a um impulso que vem de dentro, do ser profundo. Ele reage quando cede às solicitações do mundo exterior, ou do ser superficial que está em contato com o ambiente e é por ele dominado.

A educação moderna cultiva em excesso o ser exterior e esquece-se do ser interior.

Na escola, o sistema é ainda o de ouvir a aula, do decorar lições, de recitar: trabalho do ser exterior. Não há muita ocasião para a reflexão, a comparação, a conclusão, a criação. Fora da escola o jovem é governado pelas solicitações exteriores: rádio, cinema, competições esportivas, conversa de adultos etc. Sua felicidade depende não mais dele próprio, mas dos objetos que o cercam. A propaganda cria nele mil desejos. Nem todos podem ser realizados. Por isso, torna-se um insatisfeito, vítima de tensão constante.

O ser interior, ao contrário, nutre-se de silêncio, de meditação, de produção espontânea, de opção. Sua formação começa no berço. Desde pequenino, o bebê deve ser mantido na calma, longe do barulho. Deve aprender a brincar sozinho. As vozes que lhe chegam devem vir em surdina, para não despertá-lo antes do tempo. Quanto menor for a criança, mais baixo se deve falar com ela. Sua vida deve se passar na ordem e na serenidade. Antes mesmo da idade da razão, a criança já tem um dom natural para a meditação. A oração lhe é fácil e agradável.

Porque o barulho impera hoje em nossa vida, nossos jovens estão se tornando dispersivos. Não sabem o que querem. Não conseguem mais renunciar àquilo que enfraquece suas possibilidades de êxito. Não gostam de recolhimento. Vivem em busca do prazer, do conforto, do sensacional. Já foi sugerido até um disco, de alta fidelidade, sem música nem ruído, para se poder ouvir... uma hora de silêncio!

Como desenvolver o ser interior? Criando um meio favorável à eclosão das forças vitais, evitando a agitação, a dissipação, a movimentação excessiva. Não forçando a natureza da criança: cada função nova se manifesta pelo desejo e pelo interesse. A criança deve andar quando deseja fazê-lo; deve aprender a ler quando procura por si decifrar o que está escrito. Quando o pré-adolescente se rebela contra o estudo, é que está crescendo e amadurecendo; todas as suas energias são gastas nessas funções. É preciso ser tolerante e esperar que a crise passe. O segredo da formação do ser interior é a disciplina espontânea, aquela que aceita livremente as imposições da vida; aquela que não é inspirada pelo constrangimento, pela ameaça, pelo medo do castigo ou da humilhação, mas sim pela noção do dever. A disciplina interior resulta do controle de si mesmo. É obtida pelo exemplo, e pela persuasão. É obtida também pelo castigo impessoal, aquele que decorre do próprio erro e não da irritação do adulto; aquele que estabelece relação de causa e efeito entre o erro e o castigo. O pequeno vadiou? Não vai ao cinema. E a mãe lhe dirá com muita calma: "Tenho pena; mas você precisa recuperar o tempo perdido". No espírito da criança surge então a conclusão: vadiação = privação de cinema.

O estímulo artificial é perigoso porque age sobre o ser exterior. Assim, obter esforço graças a medalhas, quadros de honra, prêmios, em geral é provocar um trabalho de pura reação, e não uma ação em que esteja envolvida a personalidade profunda. O ser interior se desinteressa desse trabalho: ele se desenvolve secretamente, noutra direção. Daí a divisão da personalidade, tão perigosa para o equilíbrio. O antagonismo sistemático entre o ser interior e o ser exterior rompe a harmonia e gera a insatisfação.

Poucos são os indivíduos que amadurecem em profundidade. Quanta puerilidade, por exemplo, nos homens públicos modernos! O homem maduro, o homem forte é aquele que possui disciplina interior, que reflete antes de agir, hábito que imprime unidade à vida e arraigado sentimento de responsabilidade.

O jogo bem orientado é fator decisivo para o cultivo do ser interior. Ele é emanação das profundezas do ser, canaliza as forças vivas num sentido único, reforça o poder pessoal, possibilita um esforço total e continuado, em virtude do prazer dentro do qual se desenvolve. O jogo não deve ter por finalidade o resultado exterior, mas sim o aperfeiçoamento do jogador. O bom jogador, aquele que chega facilmente aos primeiros lugares, não é o que procura dominar os rivais; é aquele que procura dominar a si próprio, tornando-se sempre mais perfeito nas atividades que escolheu.

Nesse sentido, o jogo é superior ao trabalho, porque mais do que ele favorece a capacidade criadora e cultiva, conseqüentemente, o ser interior. O trabalho só lhe é comparável quando se reveste das características do jogo: quando é escolhido livremente e quando corresponde a uma necessidade profunda do ser. O método de aprendizagem pela pesquisa e todos os processos preconizados pela escola ativa preenchem perfeitamente esses requisitos. Eis por que nas escolas ativas bem orientadas não se apresenta o problema do fracasso escolar. Os programas ali se limitam aos assuntos que correspondem à evolução íntima do menino, aos objetos de estudo que o interessam porque podem ser realizados de certo modo na sua vida. O mestre, nessas escolas, é um guia que leva o aluno a se instruir por si, a aprofundar aquilo que o fascina. É evidente que, nesse sistema de "trabalho-jogo", o educando estuda e se esforça com alegria, como se estivesse brincando.

O homem só realiza plenamente o seu destino quando cria, pois, ele traz em si um mundo de forças criadoras sempre desesperadamente em busca de atividades que lhes dêem ensejo de se realizarem. A criação não tem outro intuito senão o de determinar aquela sensação de alegria que vem da tomada de consciência das virtualidades do *eu* e do sentido de realização.

A educação tradicional, autoritária, cultiva, via de regra, o sentimento de vaidade e o medo do ridículo. Paralisa a autoafirmação. Instala a timidez e a falta de confiança em si. Quantos pequeninos artistas que se realizavam plenamente no jardim de infância não veem estancadas suas possibilidades criadoras quando ingressam na escola primária, porque, desgraçadamente, ali impera outro sistema de aprendizagem!

Procuremos, pois, adotar os métodos ativos, o sistema do trabalho-jogo; procuremos dar às nossas crianças oportunidades que desenvolvam todas as riquezas que trazem consigo. Concederemos, dessa forma, prioridade à formação do ser interior e chegaremos com segurança ao equilíbrio de que tanto necessitam as gerações novas.

De como Xavier e Lilia conseguiram o equilíbrio entre o ser interior e o ser exterior

Xavier completara 21 anos. Desde pequeno desenvolvera-se nele demasiadamente o ser exterior. Quando ainda no berço, as visitas constantes o tomavam nos braços, atiravam-no para o ar, faziam-lhe cócegas para obrigá-lo a rir, excitando-o sobremodo. Falava-se muito alto em torno do berço e o rádio ficava ligado o dia todo. Já mais crescidinho, o barulho permanecia o mesmo. O pequeno era chamado à sala, assim que chegavam visitas. Tinha um programa de 'gracinhas' que suscitava exclamações de admiração, elogios os mais exagerados. O menino passou a se julgar excepcional. Queria uma recompensa para cada realização. Choviam, então, os brinquedos. Nada mais, entretanto, podia acalmar-lhe a sede de prazer. Quando começou a praticar esporte, escravizou-se ao sistema da competição. Só via diante de si o reluzir das medalhas. Revoltava-se quando não tirava o primeiro lugar. O jogo era, para ele, mais uma fonte de ansiedade. Sua idéia-fixa era dominar os rivais.

Aos dez anos, tendo perdido a boa colocação que tinha habitualmente na turma, pôs-se a urinar na cama. Redobrou então a necessidade da aprovação dos adultos. Em conseqüência, levou a gabolice às raias do delírio.

Tinha um ciúme mórbido da irmãzinha. Aos 13 anos de idade ainda lhe dizia: "Se você não tivesse nascido, tudo em casa seria para mim". Xavier mentia, tinha tiques, dormia pouco. Era perdulário. Presenteava todo mundo a fim de obter popularidade e conseguir o que desejava. Não sabia aceitar o fracasso.

Aos quatorze anos, Xavier era preza fácil das solicitações exteriores. Se estava estudando e o telefone o chamava para uma partida de cartas, largava tudo, saía correndo. Vivia em bandos, estudava com companheiros, corria de um lado para outro para não perder uma só ocasião de prazer. Renúncia? Sacrifício? Impossível!

Por felicidade, Xavier encontrou, certa vez, um educador que o levou para uma Colônia de Férias.

Deu-se ali admirável transformação. O sistema da Colônia era o da comunidade juvenil. Todos participavam da vida do grupo. Não havia lugar para "solistas"... Em mesas redondas freqüentes debatiam-se temas morais empolgantes. Ademais, o Diretor analisava com cada "colonista" as respectivas qualidades e "dificuldades", orientando-o no sentido de um trabalho pertinaz de aperfeiçoamento da personalidade.

Xavier voltou várias vezes à Colônia. O trabalho de desenvolvimento das qualidades apontadas como as mais necessárias era então retomado. Foi assim que se instalou nele, afinal, a primazia do ser interior. Xavier reconheceu que precisava de apoio para modificar certos traços do seu caráter. Passou a gostar de conversas significativas e a admitir crítica quando vinham de pessoas compreensivas. Já não tomava resoluções tão apressadas. Selecionava os programas de rádio e passava uma hora sem ligar o rádio, como exercício de autodomínio. Acordava cedo para ouvir a "hora da meditação". Essa sua oração da manhã.

Eis como, através da vida esportiva de uma Colônia de Férias, se ajustou um dos temperamentos mais refratários ao equilíbrio e à serenidade.

Lília, irmã de Xavier, um ano mais moça do que ele, não teve os mimos da família. Desengraçada em pequenina, abafada pela figura extrovertida do irmão, retraiu-se. Desenvolveu-se nela o ser interior. Passava horas em pleno sonho, construindo o seu mundo à parte. Muito tímida, fugia às visitas. Envolvia-se numa cortina de silêncio. Felizmente, na escola era muito querida. Tinha enorme sucesso no esporte. Como não se preocupava com os rivais e apurava o estilo, chegou a ser campeã sem o menor esforço. Evitava barulho. Não gostava de estudar. Mas aprofundava aquelas matérias cujos professores eram "amigos da turma". Precisava do apoio afetivo dos seus mestres. Freqüentava um grupo de debate de problemas morais; era "jecista" e se desempenhava muito bem na direção de um "círculo de estudos". Assistia voluntariamente aos retiros espirituais.

Mas tinha dificuldade em vencer a timidez e a fazer amizades. Era extremamente reservada. Sofria com as inibições que lhe impunha seu temperamento. Nos bailes, não ousava dançar porque não encontrava assunto de conversa.

Certa vez, foi convidada a participar de uma excursão cultural, em que tomavam parte rapazes e moças. Tinha então 17 anos. Foi aí que desabrochou a espontaneidade. A vida de grupo, durante 10 dias, sob a orientação jovial o marcante de um educador, permitiu a Lília libertar-se de seus complexos e temores. Passou a ser natural e acabou por perder toda cerimônia. Hoje em dia é extremamente alegre, exerce influência no irmão mais velho, tem grande número de amigas e mesmo de amigos, é autossuficiente. Domina-a um desejo permanente de aperfeiçoamento moral. Combate conscientemente o egoísmo. Encara a vida com otimismo e organiza o programa de seus lazeres de modo a cultivar o seu ideal oblativo.

Esses dois jovens conseguiram pela recreação, tecnicamente orientada, o equilíbrio entre o ser interior e o ser exterior: esse o ajustamento a que deve tender todo o trabalho educativo.

Como educar pela recreação

Todas as finalidades da moderna pedagogia podem ser desenvolvidas excelentemente através da recreação. A recreação corrige a aspereza da vida. Transporta para uma zona ideal. Pelo jogo, superamos nossas contingências e requintamos nossas técnicas de vida, escapamos à pressão exterior e aos nossos problemas íntimos, porque nos instalamos no mundo da utopia. Nesse mundo, desabrocham virtualidades que se encontram adormecidas no cotidiano. Realizamos plenamente os nossos desejos, marchando assim para a frente, isto é, para a maturação. E como o jogo desenvolve as qualidades latentes, o ser melhor dotado é, via de regra, aquele que mais brinca. Assim, a cobaia, ser de curta inteligência, diz Chateau, já é adulta no 2° ou 3° dia de vida; ao passo que o rato branco, muito mais esperto, tem uma infância de quatro semanas. A rapidez do desenvolvimento, longe de ser favorável, é nociva à inteligência. O que é precoce é precário.

Para a criança, o jogo, diz Claparède, é o trabalho, é o dever, é o ideal. Na vida do adulto, a recreação é também um dos elementos mais positivos de enriquecimento da personalidade. No conceito de Schiller, o homem só é completo quando brinca.

Nesse sentido, pode-se dizer que há um humanismo de recreação, do lazer, do passatempo. Por isso mesmo, pais e educadores devem atribuir a máxima importância ao problema da utilização dos lazeres. Esse problema requer, efetivamente, metodologia especializada, pois que abrange a formação do indivíduo desde o berço até os bancos universitários. E vai além. A civilização do lazer, substituta eventual da civilização do trabalho, está a exigir técnicas orientadoras da recreação até mesmo para o adulto. Não é, acaso, na futilidade e no materialismo dos nossos passatempos que desviamos hoje as linhas-mestras do nosso caráter?

Através das páginas deste livro estudaremos o valor das principais modalidades de recreação sob o ponto de vista do rendimento da personalidade e analisaremos os meios de proporcionar à criança brinquedo construtivo e ao jovem, bem como ao adulto, recreação que possa educar.

II – CONCEITO E OBJETIVOS DA RECREAÇÃO

Por que é a recreação uma das aspirações mais acentuadas da nossa época?

A recreação bem supervisionada arranca a criança e o adolescente da sua atitude de base que é a da agressividade e restaura a paz com o adulto, dando-lhe assim confiança nos homens e na ordem do mundo. No jogo o adulto perde sua situação de superioridade. Ali, todos são tratados de igual para igual. O adulto sofre, como a criança, as mesmas penalidades quando comete erros. Daí a facilidade com que a criança aceita o castigo no jogo. O castigo lhe chega sem carga emocional. É impessoal, pois decorre de um regulamento. É imparcial e universal, pois automaticamente atinge a todos.

O jogo faz aceitar prazenteiramente as responsabilidades. Dá hábitos de autossuficiência, de expansão do eu e de iniciativa. Adapta aos grupos. Ameniza a competição profissional. Previne a delinqüência, oferecendo oportunidade à imaginação de realizar o sonho do extraordinário e aliviando os frustrados dos seus desejos de vingança da família que os traumatizou e da sociedade para a qual transfere os seus rancores. Os delinqüentes confessam, não raro, que transgrediram as leis porque em casa nunca acontecia nada de interessante.

O jogo aquieta os instáveis, porque exalta formas sadias de heroísmo, satisfazendo assim a aspiração obsessiva ao papel de super-homem. Canaliza os excessos de energia e os transforma em atividade útil e harmoniosa. Atenua a ansiedade gerada pelos conflitos familiares.

A recreação educa para a utilização construtiva das horas de lazer — "as horas favoritas da sedução do Mal". Gera a euforia e a transfere para o campo do trabalho. Em suma, equilibra a criança. Equilibra o adolescente. Equilibra o adulto.

Ora, as gerações modernas estão sofrendo de desequilíbrio. Nossa sociedade, cada vez mais industrializada em virtude da mecanização do trabalho, não oferece muita oportunidade para expressão dos anseios e dos interesses do homem total.

Por isso mesmo, a recreação vem constituindo uma das aspirações mais acentuadas da nossa época. Estamos, como em nenhuma era da humanidade, imbuídos daquela verdade que Sócrates exprimiu tão luminosamente: "O lazer é a melhor dentre as possessões do homem". Pão e Circo, clamam todas as classes sociais. E o Circo talvez nos empolgue mais ainda que o Pão. Comemos rapidamente e rações cada vez mais reduzidas. Mas o divertimento, com que avidez o procuramos! Popularidade da casa de campo, invasão dos clubes, apinhamento nas praias e piscinas, esportes que monopolizam os noticiários e a imaginação, música comercializada até os extremos da saturação, teatro que floresce, corais que se multiplicam, cinema e televisão que já são imposições obsessivas, rádio que se cola ao indivíduo como uma sombra. Que falta ao homem moderno para se recrear? E será ele mais feliz, esse homem que tanto se diverte? Ou serão esses divertimentos apenas uma forma de dissipação? De fuga aos temores que o assaltam? De evasão à angústia da hora presente?

Que é recreação

> "Recreação é atividade física ou mental a que o indivíduo é naturalmente impelido para satisfazer as necessidades físicas, psíquicas ou sociais, de cuja realização lhe advém prazer",

diz Inezil Penna Marinho.

A recreação, quando é racional, é fator educativo porque é atividade indispensável ao desenvolvimento físico, mental e social do jovem. Age como elemento de ajustamento e de felicidade. Satisfazendo a necessidades fundamentais do ser humano, leva o mesmo a atitudes sadias de adaptação ao meio.

Recreação é relaxamento do organismo e da mente. É diversão, renovação, recuperação. É atividade livremente escolhida e exercida nas horas de lazer, ativa ou passiva, individual ou em grupo, organizada ou espontânea. Essa experiência deve ser aceita pela sociedade, dar satisfação imediata e ter alcance duradouro.

A característica da recreação é ser atividade espontânea, criadora de uma alegria isenta de preocupação; é ser atividade de "luxo", isto é, desinteressada, que transforma e corrige a realidade, colimando à satisfação de um desejo e à necessidade de ocupar-se consigo mesmo. "Só nas situações de jogo é que nos podemos transformar nas pessoas que desejamos e que precisamos ser."

A experiência recreativa deve ser agradável desde o seu início e deve oferecer um desafio às energias do participante. Regras rígidas, restrições, controle exagerado, perfeccionismo, destroem sua natureza. Se ela proporciona meios de aperfeiçoar habilidades, aumentar conhecimentos, estabelecer contatos sociais agradáveis, então haverá satisfação mais profunda e conseqüente continuidade. Um bom programa de recreação baseia-se nos ideais nas atitudes e nos costumes de um povo e origina-se de suas necessidades.

O jogo deve trazer consigo próprio sua recompensa. A observação conscienciosa da disciplina convencionada, a arte de saber perder, o *fair-play*, devem produzir satisfação e merecer a aprovação geral. Essa a condição para que haja formação moral através dos jogos.

Diremos, pois, que os objetivos da recreação são primacialmente:

1° o prazer dos participantes, pois que deve ser entretenimento, expressão e derivativo; e, como tal, pode ser meio de diagnóstico e de tratamento de conflitos interiores;

2° o desenvolvimento das virtualidades da personalidade: para a criança, é a preparação inconsciente e indireta para sua vida de homem e, para o adulto, o estímulo para realizar-se plenamente;

3° o enriquecimento do grupo social.

A recreação como entretenimento, expressão, derivativo, diagnóstico e tratamento

A recreação é entretenimento útil, porque, correspondendo à necessidade real e constante do ser humano, dá prazer constante e real. A infância é toda ela dominada pelo jogo. E a carência de jogo pode produzir neuroses infantis já bastante conhecidas. Essa carência é, na vida do adulto, um peso morto que o impede de participar prazenteiramente de atividades comunitárias. As forças hostis de destruição e de agressão que não se realizaram pelo brinquedo permanecem vivas, à procura de expressão: daí surge a competição sob as suas formas maléficas.

Freud sustenta que há em nós uma dupla natureza: a do adulto, que regula sua conduta e seu pensamento pelas exigências sociais, e a infantil, que uma fiscalização severa reduz ao silêncio, mas que está sempre pronta a tomar sua revanche num momento determinado.

Na recreação, como aliás em todo processo de aprendizagem, o importante é que o indivíduo incremente o prazer na atividade e deseje voltar freqüentemente a exercê-la. A perfeição no resultado virá com o tempo e decorrerá do entusiasmo suscitado.

Com efeito, no jogo, o que a criança procura antes de tudo é o prazer.

> "Prazer sensorial da cor, do som, do ritmo, da harmonia – diz Inezil P. Marinho –, prazer motor do equilíbrio, da velocidade; prazer emotivo do medo vencido; prazer inte-

> lectual da invenção, da realização de uma obra pessoal. E todos esses prazeres preparam as alegrias da vida de adulto. A atividade da criança é gratuita: não tem finalidade prática. O proveito não interessa. Quando ela organiza um castelo de cartas, é para desmanchá-lo; quando corre, é para voltar e recomeçar".

Mas é pelo movimento que ela constrói sua personalidade.

O jogo traz prazer porque cria uma situação de ampla liberdade. Com efeito, nela é lícito ao pequeno regredir a épocas anteriores, brincar de acordo com a idade do momento ou então invadir, sem a menor cerimônia, o mundo do adulto. O pequeno que brinca pode se derramar em alegria ou pode se isolar, casmurro e hostil; pode fazer bobagens, inventar feitos e gestos os mais particulares; pode expressar-se sem ter medo de censura; pode reivindicar direitos com violência, dar expansão a cóleras reprimidas, reclamar das injustiças e ser ouvido, aceito e respeitado.

O jogo causa prazer também porque, graças ao fator da ilusão, satisfaz de pronto os desejos infantis. O pequeno quer se transformar em adulto? Ei-lo importante, dando ordens e conselhos, castigando ou recompensando, atualizando claramente seu sonho de ser um "grande" e os conflitos que perturbam sua paz interior. Bastou-lhe para tanto engrossar a voz ou colocar uma pasta debaixo do braço. E logo foi satisfeita sua fantasia. A criança vive no presente: quer sempre a realização imediata dos seus sonhos!

O jogo é ainda prazer porque permite esforço e conquista. A criança normal não gosta de vencer sem luta. Se há uma caixa de fósforos ao seu alcance, ela não sossegará enquanto não conseguir abrir a caixa, tirar um fósforo e, quem sabe? até riscá-lo. E quanto maior a dificuldade, tanto mais entusiástica será a alegria experimentada com a vitória.

O jogo é entretenimento útil porque é laboratório de aprendizagem. Pesquisas freqüentes têm demonstrado que as crianças que satisfazem plenamente sua necessidade de brincar aprendem mais depressa e sua assimilação é mais duradoura. Com efeito, o brinquedo estimula a iniciativa. Torna a mente disponível para a aprendizagem. A alegria do esforço mental é mantida pelo impulso do crescimento intelectual. Na primeira infância o jogo é "uma aventura integral". À medida que cresce, a criança faz uso desta ou daquela faculdade, diferenciando-se os jogos de acordo com a potencialidade exercida. Distinguimos então o jogo social, como receber visitas, dar um lanche, fazer um batizado, o jogo intelectual como o de adivinhar um objeto convencionado; o jogo de movimento, como o clássico brinquedo de pegar; o jogo de fantasia, como o que encarna figuras a serem identificadas; o jogo-trabalho, como a carpintaria, a jardinagem, a tecelagem etc.

O jogo é expressão porque, como a atividade artística, estimula as faculdades criadoras. O poder criador, existe em toda criança. Suas formas habituais de expressão e sua intensidade dependem das características de cada personalidade e das oportunidades de desenvolvimento. Há crianças que se exprimem melhor pelas artes plásticas, outras pela composição escrita, outras pelo movimento rítmico, outras ainda pela música.

O poder criador é elemento dinâmico que leva a realizações surpreendentes. O processo da criação tem sua seqüência. O indivíduo pensa e sente, vê ou imagina, em termos pessoais, através de seu temperamento, de sua cultura, de sua situação emocional. Deseja exteriorizar essas experiências interiores: o poder criador tende a exprimir-se. Assumo, então, a atitude de jogo, mobilizando os dois elementos que a caracterizam: o prazer e o esforço. O prazer conduzindo ao esforço, e o esforço intensificando o prazer.

Essa atitude, uma vez assumida, leva a uma experiência pessoal, que conduz a uma ação inédita. Esta, por sua vez, determina uma interação da nova experiência e das experiências já vividas. Dessa interação nasce a performance. A produção pessoal gera normalmente intensa vibração, chamada *euforia*. Cada feito que implica em uma expressão nova, isto é, em criação, é acompanhado dessa exaltação que representa um passo à frente no desenvolvimento.

Criar conduz à satisfação. Desde o momento em que vencemos a matéria, isto é, em que travamos conhecimento com um elemento novo e o utilizamos ao nosso modo, podemos passar para outro. Nosso apetite criador está satisfeito com relação àquele determinado elemento. O aviador que não realiza uma acrobacia, o paraquedista que não dá um salto "comandado" não logra, via de regra, saturação absoluta. O ciclo que se observa nos jogos parece confirmar essa teoria. As manias ora da bola, ora do papagaio, ora da patinete, correspondem à necessidade de esgotar momentaneamente todos os recursos de determinada atividade. Por que tantos artistas abandonam o seu instrumento ou seu pincel sem causa aparente? É que chegaram à saturação. Satisfizeram plenamente, seu desejo de expressão.

Às vezes a saturação precede a criação. Fica frustrado, então, o fenômeno da euforia. É o caso do pequeno que foi obrigado a desenhar quando só tinha vontade de se movimentar. Por isso mesmo, é desaconselhável ensinar arte aos pequeninos: o ensino das artes oferece esse perigo: satura antes de produzir euforia. Trabalhar fora da atitude de jogo embota o poder criador por falta de prazer e, conseqüentemente, do esforço espontâneo.

Muitas vezes, em trabalhos de terraplenagem penosos, observo a preocupação que tem uma pequena de oito anos em bem apurar se está brincando ou trabalhando. Às vezes, toda banhada em suor, ela para e pergunta: "Mas isso é brinquedo mesmo"? Conversando, certa vez, perto dela, eu disse a alguém: "Com essa brincadeira de terraplenagem, já abrimos um lindo caminho no pomar". imediatamente a pequena sorriu satisfeita: "Com essa brincadeira, não é?!" Se o conceito dessa atividade fosse o de trabalho, certamente a menina não aceitaria um esforço prolongado. Essa experiência vem confirmar a observação de um psicólogo alemão:

> "Quanto mais o folguedo, despercebidamente, se transformar em trabalho, tanto mais dedicado, cheio de incitamento e livre de inibições, o homem, sem esforço, cumprirá as tarefas que lhe forem confiadas".

Toda aprendizagem deveria ser informada dessa mentalidade.

Nesse sentido, pode-se dizer que "o mau professor é aquele que não respeita essa atitude de jogo, que impõe fórmulas e técnicas, que impossibilita a expressão de vir de dentro para fora". Os pais queixam-se não raro: "Ah! se meu filho pudesse parar de jogar bola e fazer alguma coisa de útil"! E quem lhes dirá o que é mais útil? Na maioria das vezes, o que ele faz espontaneamente, com persistência e alegria, é aquilo de que mais ele está precisando.

O jogo é derivativo porque é meio de expressão. Quando bem orientado, é força de equilíbrio utilíssima em face das contingências da vida moderna que nos estão levando a uma cultura neurótica.

Segundo Charles Baudouin, no jogo podem ser observadas as seguintes fases, que tendem a restabelecer o equilíbrio emocional, quando rompido:

1) Repetição pura e simples de uma situação traumática;

2) repetição de cenas desagradáveis com inversão de papéis, o que marca uma correção elementar por meio da revisão (o abandonado brinca de abandonar os outros);

3) correção mais completa dos fatos que magoaram, modificando o próprio comportamento (o abandonado ocupa-se com solicitude de outros abandonados).

Em todas as suas fases o jogo tende a uma descarga emocional, a qual alivia a tensão interior e permite a reeducação do comportamento e até mesmo, por vezes, a sublimação das tendências instintivas.

O jogo reproduz as situações traumatizando, ora com os próprios objetos e pessoas, ora por meio de símbolos. Assim, a boneca pode ser encarada como boneca ou pode representar a criança, a qual passa, então, ao papel de mãe ou de pai. Tantas vezes a boneca é o irmãozinho invejado e recebe, por tabela, maus tratos sintomáticos! O barquinho, a casa, o automóvel e tantos outros temas também podem figurar a criança. O paraquedismo, o esqui aquático, a aviação, a natação, aliviam os conflitos porque podem simbolizar independência em relação aos adultos; satisfazem o desejo intensíssimo que têm certos temperamentos recalcados de se libertarem do autoritarismo dos mais velhos, adquirindo confiança em si e vencendo o medo físico. A mania atlética na adolescência representa luta pelo domínio, tal como a mania filosófica: uma emprega os músculos, a outra usa argumentos. As acrobacias da ginástica correspondem às acrobacias dialéticas e paradoxais.

O jogo é meio preciso de satisfazer à necessidade natural de destruição. Esse instinto, quando satisfeito, deixa o campo livre ao instinto da curiosidade. O menino que desmonta um relógio não está querendo destruí-lo, mas deseja apenas ver o que há dentro dele para depois reconstruí-lo. A curiosidade implica não só o desejo de saber, mas também o desejo de fazer.

A insegurança dos nossos dias apela intensamente para os derivados, isto é, para os mecanismos de defesa. O ser humano desajustado — e o homem moderno é desajustado porque enfrenta uma era de crise — deseja muito mais do que tem. Do nascimento à morte luta tragicamente por satisfazer sua infinita necessidade de amor e de aprovação. Luta também no sentido de se desfazer dos sentimentos de privação e animosidade que o infelicitam quando não consegue tudo a quanto aspira. A frustração, quem não a conhece? Mas, por felicidade, ela também tem, como a digestão mal feita, os seus dissolventes! Para que esses dissolventes sejam eficazes, é necessário que se faça o diagnóstico dos desajustamentos, a fim de orientar o tratamento por meio de atividades apropriadas.

O diagnóstico pelo brinquedo é técnica assaz conhecida. Baseia-se no fato de que a criança "brinca seus conflitos e seus anseios". Além disso, as qualidades de personalidade evidenciam-se com bastante clareza no jogo, porque as forças repressivas afrouxam seus freios. Cumpre ao educador observar a criança no jogo individual e no jogo coletivo, pois as manifestações variam muito de uma para outra situação. O menino desprezado pelo grupo pode não ser um indivíduo inferior; pode, muito ao contrário, possuir inteligência mais fina, maior acuidade de sensibilidade e imaginação mais viva. Ele se vingará das suas humilhações em outro terreno. Pode refugiar-se nos livros ou no sonho. E isso representa uma fuga, via de regra, perigosa. O recreacionista vigilante procurará integrar esse gênero de isolados mediante hábil estímulo tanto do indivíduo quanto do grupo.

Nos jogos coletivos, é fácil julgar das qualidades pessoais em função do quadro social. Os tímidos sofrem porque sua inferioridade se evidencia. Os dominadores exultam porque suas invenções logram adesão entusiástica. Os discutidores exasperam-se quando não conseguem se fazer ouvir. Os ousados repelidos estragam o jogo. Os apagados acompanham os demais, ora com prazer, ora contrafeitos. Os apáticos e os sonhadores sobram pelos cantos.

No jogo individual, como no coletivo, a escolha ou a recusa da atividade, a maneira de desempenhá-la, a capacidade de continuidade e de esforço são um espelho da personalidade. De modo geral, pode-se dizer que as crianças que mais amaram o brinquedo quando pequeninas são geralmente, mais tarde, as mais dotadas e as mais ajustadas. Diz Mélanie Klein que "a inibição para o brinquedo é etapa prévia de ulterior inibição para o trabalho".

Os mecanismos de defesa da personalidade e sua tradução nas atividades recreativas são múltiplos. E senão vejamos.

O *recalque*, ou a *repressão*, é

> "um movimento instintivo e como que reflexo que tende a banir da consciência uma tendência, uma emoção ou reflexões que estejam em conflito com o conjunto da personalidade ou que por ela não possam ser assimilados".

O recalque é raramente um processo definitivo: o fato expulso para as zonas do inconsciente tende a voltar e o indivíduo surpreende-se dolorosamente quando o vê reaparecer. Uma menina de dezesseis anos dizia-me certa vez: "Estou de cabeça virada; sinto-me como uma índia, sem força para dominar os impulsos que me assaltam". É que os recalques estavam aflorando, mercê da influência de uma companheira que aconselhava a revolta contra os padrões rígidos impostos pela família. A menina atirou-se ao cinema e ao namoro com uma avidez frenética, com verdadeiro caráter de revanche. Os recalcados gostam de esportes violentos que lhes acalme a agressividade. Os fatos penosos mergulhados nas profundezas da alma e aparentemente esquecidos ressurgem, não raro, na conduta. Assim o rapaz que não teve ternura em pequeno pode assumir a atitude de "filhinho" de sua noiva ou de sua esposa. Manifestam-se, também, sob a forma de símbolos, no sonho: daí o valor da análise dos sonhos e do devaneio. Ou então, revelam-se através de perturbações físicas, como seja, por exemplo, uma moléstia súbita que impossibilita de prestar um exame difícil.

A *simbolização* é processo que alivia a tensão das emoções que fazem sofrer pela representação dos fracassos ou das aspirações irrealizáveis. A simbolização revela conflitos interiores, sustos, medos, angústias. Assim a criança que tem medo de cachorro gosta de representar um cão agressivo a fim de dominar o seu pavor, graças à visão repetida da imagem que a perturba. É comum ver-se o pequeno que tem medo do médico representar o mesmo nos seus brinquedos, deixando o papel de cliente a um companheiro ou a um boneco. Os desenhos infantis, como casas, aviões, revólveres, locomotivas, simbolizam a força que a criança sonha possuir. Como o desenho e a pintura, a música, a modelagem, as atividades rítmicas, a arte dramática, que é para a infância a forma mais natural de autoexpressão, são meios que muito auxiliam a suportar as frustrações. O "faz de conta" possibilita a realização dos sonhos e das fantasias. A criança castigada brinca de criança boa. A criança medrosa desempenha o papel de bandido. A menina feia posa diante do espelho de elegante e bonita e dirige a si própria os elogios que ela tão ardentemente quisera receber. É assim que são satisfeitos os desejos íntimos de coisas proibidas ou inatingíveis. No brinquedo é permitido ser malvado, desobediente, preguiçoso. Nesses momentos, a criança liberta-se da pressão da consciência.

A transferência da animosidade para substitutos, pessoa ou objeto que não foram causa da hostilidade, como sejam, por exemplo, o fantoche ou a "história paralela", é também processo liberador. A menina que surra o boneco, repetindo com violência que ele é mau e que precisa apanhar, está transferindo resíduos dos ressentimentos que nutre contra aqueles que a magoaram. O pequeno que atira os brinquedos pela janela está se livrando do irmãozinho que é seu rival: transporta para os brinquedos os tormentos do ciúme que o devora.

A racionalização é, como o símbolo, uma máscara do recalque. Aqui não se trata mais de encobrir o objeto real por meio de um objeto simbólico, mas sim encobrir a causa real sob um pretexto. O aluno que pede uma explicação ao professor inconscientemente quer, as mais das vezes, chamar a atenção do mesmo para sair do anonimato e merecer afeto ou aprovação.

A identificação é "imitação intensa, de todo o ser, até mesmo do inconsciente, determinada pela rivalidade ou pelo amor". É participação de um ser forte. É fenômeno que nos acompanha através da vida! Depois dos modelos da família ou dos amigos, que são os mais fortes, vêm outros: os mestres, os heróis das leituras, da moda, da tela, da vida. Em todos eles o que procuramos é algo que corresponda aos nossos interesses profundos e aumente a nossa força.

A identificação é um fenômeno necessário à evolução do indivíduo. Ela tem início no berço através do processo de participação íntima da vida e da sensibilidade da mãe. Com efeito, o bebê não é outra coisa senão um prolongamento do corpo materno. Seus gestos, seu sorriso, sua expressão, suas palavras são decalcados das imagens de vida que lhe são apresentadas. Quando surge o impulso da independência, a criança seleciona traços de caráter do pai ou da mãe ou de adultos que a impressionam e procura reproduzi-los. Até as moléstias dos entes admirados podem ser objeto de imitação. Se o adulto é forte, equilibrado e afetuoso, o fenômeno da identificação realiza-se normalmente. Mas, se o adulto não favorece o sentimento de segurança, se é colérico ou instável, brutal ou injusto, a criança resiste à solicitação interior de identificação. Quantas vezes não deparamos crianças que procuram a companhia de menores que ela, porque sentem dificuldade em identificar-se com os grandes? Renunciam intimamente ao desejo de crescer, com grave prejuízo para o desenvolvimento das suas forças vitais. O valor do bom exemplo, não proposto, mas vivido, reside exatamente na sua atuação positiva no sentido de uma identificação perfeita. A introjeção dos pais, dos educadores, dos amigos é fenômeno que dá existência às referidas figuras dentro da criança; seus exemplos e suas exigências vão formar a consciência infantil. A projeção, ao contrário, leva o indivíduo a atribuir às pessoas e coisas aquilo que se passa dentro dele. "Quem usa cuida", diz o provérbio. É freqüente tacharmos as pessoas com as quais não simpatizamos daqueles nossos defeitos que mais procuramos encobrir.

A sublimação, que é transformação de forças antissociais em forças sociais ou renúncia voluntária por motivos superiores, dá solução sadia aos nossos conflitos. O time que, em virtude do *fair-play*, aceita as decisões do juiz, embora com ele não concorde, e perde sem amargura, sublima seu espírito de competição.

A compensação é o meio comum de aliviar a tensão emocional. Procura estabelecer um equilíbrio rompido e acalmar a sensação dolorosa de ter sido roubado, pela concessão que faz a si próprio de algum prazer. O pequenino que se sente abandonado chupa o dedo, a mão ou até pedaços de pano para se gratificar. O reprimido brinca de aviador para ter a sensação de liberdade. Transformam ambas aspirações irrealizáveis em outras aceitáveis, desligando-se da realidade insuportável. A compensação assume modalidades as mais diversas. Às vezes o indivíduo que sofre de carência de afeição humana e de aprovação substitui esses elementos afetivos por elementos materiais, como a bebida, a comida, a sensualidade, o trabalho exagerado. Outras vezes, é o adolescente que não encontra aprovação no pai que descamba para uma vangloria obsessiva, especializando-se no vezo de contar vantagem. A mentira, o furto, o vício sexual são quase sempre de natureza compensatória: a criança que apanha recorre, não raro, a essas formas de satisfação para se consolar. A evasão ou o refúgio no mundo do brinquedo, do sonho, da leitura, da arte é forma habitual de compensação. Toda aspiração insatisfeita tem de ser recalcada. Cumpre ao educador ensinar de como se pode recorrer a processos de um recalque sadio, a compensações legítimas e higiênicas. A recreação oferece formas as mais variadas de compensação adequada. Por isso, é ela o meio, por excelência, da prática de higiene mental.

Franz Alexander mostra a importância do vetor de eliminação dos ressentimentos para o equilíbrio emocional, eliminação que se produz exatamente pelos mecanismos acima referidos. Observem com que apetite, às vezes, o menino dá pontapés na bola. Quem dirá do alívio que sente descarregando na bola as bofetadas que desejaria devolver aos seus educadores? O bebê de dois anos que martela desabaladamente os pregos com seu martelinho de borracha, mordendo os lábios ou esticando a língua, está eliminando, não raro, resíduos da coação que encontra sua imperiosa necessidade de correr, de gritar, de fazer barulho, de repetir cem vezes o mesmo gesto...

Roberto atingira vinte anos. Enamorara-se de certa moça, filha de mulher leviana. Apavorados, os pais proíbem-lhe o namoro. Roberto, até então, sempre dócil e delicado, revolta-se. Ameaça sair de casa. Torna-se insolente, exigente, mau, causando dolorosa surpresa aos pais. Qual a causa dessa insubordinação espetacular, senão uma explosão de frustrações acumuladas durante anos de submissão a um regime disciplinar por demais autoritário, sem treinamento de eliminação? Roberto não aprendera, quando pequeno, que há meios legítimos de se desfazer dos ressentimentos. Adotara apenas uma atitude: a do conformismo. Ora, para uma boa adaptação social é essencial que essa aprendizagem de eliminação adequada se faça na infância, porque naquele período esses exercícios liberadores não implicam em fracassos de conseqüências irremediáveis: são experiências feitas em âmbito de tolerância e com um conteúdo de fraca significação social.

O grande valor da recreação bem orientada é de prevenir essas vinganças da natureza, porque vai liquidando os conflitos interiores, vai habituando a dominar os impulsos e vai disciplinando sem traumatismos os arroubos da independência.

A situação de jogo é usada não só para estudo da personalidade e diagnóstico dos seus conflitos como também para tratamento destes últimos. Muitos analistas de crianças adotam para o exame dos desajustamentos as técnicas do brinquedo em substituição à livre associação, que é o método da psicanálise.

A terapia pelo jogo e pela arte tem por finalidade reorientar a criança. Por meio de certas vivências são estabelecidas novas relações interpessoais. O terapeuta observa os índices de desajustamento: roer unhas, tiques, urinar na cama, agressividade excessiva, isolamento do grupo, fastio, desinteresse por tudo, apatia etc.; estuda-lhes as causas, e programa sua intervenção. Por um lado, cumpre-lhe dar à criança uma visão realista do problema que a aflige, e por outro lado, tem de lhe fornecer respostas que neutralizem os fatos traumatizadores.

A criança será, pois, treinada no sentido de interpretar com tolerância as atitudes negativas dos que a cercam e a descobrir em si mesma forças para vencer seus ressentimentos.

São vários os fatores de cura:

O jogo é um dos elementos de atuação, principalmente o jogo com material que represente situações de vida, como casa de boneca, mamadeira, bateria de cozinha com fogãozinho etc.; pintura a dedo (*finger-painting*); marionetes; animais de papelão para armar etc., são outros tantos elementos preciosos de tratamento.

A família é o segundo fator de cura, e o mais importante de todos. O terapeuta procurará modificar as atitudes inadequadas da mesma. Seu papel é de intérprete da criança junto à sua família.

Cumpre demonstrar aos pais que a família é uma unidade e que a criança não é peça isolada da mesma. As influências dessa unidade são indeléveis. Não há atitude do adulto que seja "inocente"; todas têm repercussão na criança.

O terceiro fator de cura é a relação que se estabelece entre o terapeuta e a criança. Esta projeta no primeiro o seu conflito: encara-o ou como protetor ou como inimigo, ou ainda como um títere que ela vai poder dominar. O simples olhar do terapeuta pode provocar raiva, angústia, pânico ou afeição, conforme a situação de casa que a criança está vivendo. Por isso, são significativas as primeiras entrevistas do psicoterapeuta com a criança. Como o pequeno se revela quando entra em ambiente desconhecido! Um quer ser mimado. Outro não tolera aproximação. O terceiro é agressivo. O último parece alheio a tudo.

O jogo é das atividades que mais facilmente estabelecem relação adequada com o adulto, relação essa que pode ser de participante, de assistente ou de conselheiro. Essa relação tem de se tornar o agente-mor da terapia. O que cura a criança é o amor e a compreensão, aliadas sempre à firmeza. Essa relação humana satisfatória vai auxiliar a criança a transformar sua óptica da vida transferindo para as demais relações a compreensão e a simpatia estabelecidas na sala de jogo.

O terapeuta, uma vez aceito, entra a criar situações especiais para reorientar a criança, mas já agora dentro de um ambiente de boa vontade.

Moustakas descreve da seguinte forma o processo da ludoterapia, advertindo, entretanto, que nem sempre é a mesma a seqüência das fases abaixo relacionadas:

Primeira fase — Os conflitos aparecem indiferenciados, difusos. Os sentimentos são geralmente negativos. A criança perdeu contato com as pessoas e as situações que originariamente provocaram frustrações: raiva, medo ou sentimento de culpa. Suas emoções não estão mais ligadas à realidade; generalizaram-se, tornaram-se exageradas, à força de serem evocadas e estimuladas. Assim, o pequeno, ao entrar na sala de jogo, mostra-se aborrecido, amedrontado ou imaturo, sem visar a ninguém de modo especial. A raiva, por exemplo, leva-o a querer quebrar os brinquedos, a querer destruir, amassar, esmigalhar, rasgar. Quanto maior a confiança da criança no terapeuta, quanto mais ela se sente aceita e respeitada, mais a agressividade se torna circunscrita.

Segunda fase — Assim que se estabelece a confiança no terapeuta, aquela agressividade se torna mais específica e mais intensa. Desejo de destruir, de matar o pai ou a mãe, um irmão ou a família inteira. O próprio terapeuta pode ser objeto de ataque. À medida que esses ressentimentos são expressos e são aceitos pelo terapeuta, a criança vai se compenetrando do seu valor; as frustrações vão perdendo seu caráter de exasperação.

Terceira fase — A hostilidade do agressivo continua específica, mas aparece agora uma ambivalência de sentimentos. Amor e ódio, coexistentes, revelam-se, assim, a vítima do ciúme infantil, ora bate e maltrata o símbolo do irmãozinho, ora dá-lhe de comer e agrada-o com ternura. Depois de múltiplas atualizações dessa ambivalência, os sentimentos positivos emergem e triunfam. O pequeno compreende melhor as relações que deve ter com os outros, entende o que se passa com ele próprio. Semelhante sequência é observada nos casos de angústia.

O fator maior de cura, todavia, não é o jogo em si: é, como já dissemos, a personalidade do terapeuta quando ela exprime real confiança na criança, inteira aceitação dos seus sentimentos e atitudes e profundo respeito pelas facetas da sua personalidade, as quais são todas significativas e dignas de consideração.

Um pequeno, por exemplo, conta Gordon, brincando com o jogo de armar, distribui a família das girafas dentro de um cercado. Coloca a girafinha menor entre o pai e a mãe e a girafinha maior sozinha, perto da cerca, como que abandonada pela família. Evidencia claramente o ciúme infantil que o atormenta. Isso permite ao terapeuta abordar o problema. Sentindo-se protegido, admite o pequeno que o conflito se define e seja analisado. O terapeuta pode mostrar então que há lugar para mais um filho junto aos pais. Reúne a família toda das girafas dizendo: "Os pais não gostam do ver nenhum de seus filhos longe deles". Mas o pequeno, decididamente, quer manter a girafinha isolada, durante muitas semanas. Até que um dia, melhorando o ciúme, coloca toda a família reunida no cercado. O conflito entrou em fase de liquidação.

Num outro jogo, o dos guardas e dos ladrões, a criança abandonada costuma escolher o papel de ladrão: sentindo-se roubada, deseja apossar-se de alguma coisa que venha compensar suas frustrações. Cumpre então ao terapeuta achar objetos capazes de fixar e de satisfazer essa sede de compensação.

O menino que se ressente da pusilanimidade paterna brinca de pai violentíssimo, punindo a torto e a direito; ao passo que o pequeno sem liberdade brinca de rei ou de chefe de um bando de gangsters. A menina transfere para sua boneca não só castigos recebidos como também aqueles de que se julga merecedora. A medrosa pinta uma bruxa e depois rasga o trabalho em pedacinhos para se convencer de que domina aquela personagem que a amedronta. Muitos angustiados regridem, brincam de bebezinhos, fingem mamar na mamadeira, falam a língua dos bem pequenos, choramingam, sapateiam; com os jogos de armar, representam incêndios, desabamentos, colisões, deliciando-se na idéia da destruição.

No *Village Pestalozzi*, junto ao lago de Constança, um pré-adolescente, refugiado de guerra, que assistira à chacina dos pais e à destruição de sua aldeia, chegara àquela Instituição sem o uso da fala. Embora tratado com muito carinho, desenhou, durante vários meses, unicamente temas agressivos, aviões largando bombas, soldados atirando e trucidando, revólveres e baionetas, incêndios e ruínas.

Certa vez, porém, conseguiu fazer uma pintura impressionante: a reconquista de uma aldeia (sua aldeia), soldados em pânico, rechaçados através de ruas atravancadas de ruínas; civis vitoriosos, triunfantes. Desse dia em diante, começou a articular palavras e, ao cabo de algumas semanas, sua linguagem voltou à normalidade.

Assim, o comportamento da criança, quando tratada pelo jogo ou pela arte, embora em ambiente todo simpático, projeta no brinquedo a sua realidade interior, como se a pressão exterior subsistisse. É fácil, por isso mesmo, perceber quais as identificações mais cristalizadas, as qualidades mais admiradas, os livros e os jogos preferidos, os temas mais persistentes. Ora, para o educador, um dos meios preciosos para a reorientação de personalidades afetadas é exatamente o conhecimento do conceito que elas fazem do mundo e de si mesmas. Eis por que o jogo e a arte vêm sendo auxiliares preciosos da psicoterapia.

A recreação como meio de desenvolver as virtualidades da personalidade

A recreação é ainda um meio de desenvolver as virtualidades do indivíduo. É um fato que somos todos uns subdesenvolvidos. William James dizia que, comparados com o que poderíamos ser, não chegamos à metade de nós mesmos. Utilizamos parte apenas das nossas possibilidades físicas e mentais. Com efeito, o ser humano habituou-se a viver bem para cá de suas fronteiras, omitindo a mobilização de muitos dos seus recursos. Contemplemos o fenômeno do amor ou da conversão. Subitamente, a personalidade se enriquece, revelando mil recursos desconhecidos. O rebelde se torna cordeiro. O displicente se torna fanático, heróico, realizador. É um fato que "somos muito melhores e mais ricos do que o que somos". A educação deve explorar esse mundo de dotes adormecidos. Influência, contágio, sugestão é que obtém as maiores transformações. Mas, a influência é um efeito apenas, cuja causa reside numa certa qualidade afetiva manifestada no encontro dos indivíduos. Um recreador desprovido de riqueza afetiva não atingirá eficazmente o seu grupo, porque lhe falta esse dom espontâneo do coração. O professor rígido, insensível, deve aprender a relaxar os nervos, deve, sobretudo, despertar em si as forças da afeição, atualizando a bondade e a gentileza que são apanágios do temperamento brasileiro. O famoso Padre Pierre, de Paris, salientou a carência atual do interesse pelos outros quando disse: "O que nos falta hoje, no campo educacional, são técnicos do coração". Ora, na recreação, a força da influência não encontra barreiras. O freqüentador de um clube ou de um parque, a criança que brinca, depõem as armas de combate. Desaparece neles a situação interior habitual da luta pela autoafirmação. O clima da recreação é o da confiança que apaixona e que garante resultados de alta qualidade educativa. Porque é liberta de constrangimento, a situação de brinquedo gera euforia — estado de graça favorável ao esforço voluntário, à disciplina livremente aceita. Essa a grande oportunidade para o desenvolvimento das virtudes que estão em germe em cada educando.

A condição essencial para que as potencialidades do indivíduo se manifestem através do jogo, é preservar a espontaneidade, incentivar a criação, evitando o mais possível de impor modelos e de sugerir temas de atividades. Ao professor compete apenas estimular a realização e transmitir técnicas de trabalho, sem cercear a liberdade de expressão.

Através do brinquedo, revelam-se dons naturais. São esses que devem ser estimulados pelo recreacionista-educador, porque são eles que dão à criança aquilo de que mais ela precisa: a segurança. A criança segura oferece resistência à proliferação dos defeitos.

A recreação moderna está abandonando o sistema de repressão das forças cegas da natureza e adotando o da educação positiva, que desenvolve qualidades ao invés de dar prioridade à correção dos defeitos.

Dentre as virtudes mais necessárias à formação integral da personalidade destaca-se, como já foi dito, a coragem, elemento básico da segurança. Coragem exterior cultivada nos desportos, na resistência à fadiga, na aceitação do exercício mil vezes repetido, na concretização da aventura, levando à coragem interior, à luta contra o egoísmo, à conquista de si mesmo. A coragem leva à ação. Constrói planos audaciosos e cristaliza ideais elevados. E já essa atitude de anseio generoso e voluntário de realizações significativas é atmosfera propícia a maior rendimento da personalidade. Escreve Saint Exupéry com muito acerto: "Quem traz dentro da alma o desejo de construir uma catedral já é um vencedor". A coragem aceita o fracasso. Não exige compensação. Um rapaz valente, uma moça audaz, é um esplêndido espetáculo, porque a coragem física é a base sobre a qual se edifica a serenidade e o desejo de aperfeiçoamento. Porém, o indivíduo que resiste às injustiças e que a elas responde com bom-humor e compreensão; um caráter sólido que irradia correção, honestidade, desinteresse, operosidade construtiva; uma vontade firme que visa o bem comum esquecido do próprio bem-estar; essa coragem moral deslumbra e contagia. Esse o espetáculo que devemos exaltar diante dos educandos.

A recreação deve levar ainda o indivíduo a afirmar-se tal qual ele é, com suas preferências e suas habilidades. Devemos evitar o refúgio em atitudes artificiais. Excelente conceito de personalidade equilibrada aquele que se resume nessa frase: "ele é o que é". Precisamos gostar de nós próprios para poder gostar dos outros. Esse o grande segredo da boa adaptação ao meio.

A recreação como fator de enriquecimento do grupo

Por fim, a recreação tem um caráter eminentemente social. Depois dos três anos de idade, a criança necessita de se integrar num grupo. Ora, o grupo dá grandes satisfações, mas apresenta também suas exigências. Impõe restrições à liberdade individual. Exige colaboração, eficiência, honestidade. O indivíduo inseguro e frustrado teme encontrar nele sua autodestruição. Por isso mesmo se isola. Mas, ao mesmo tempo, inveja os companheiros que brincam juntos. Cabe, então, aos recreacionistas criar no grupo situações que estimulem a aceitação espontânea dos tímidos. Para os adolescentes, a integração em grupos diversos, que correspondam aos seus interesses fervilhantes, é uma força segura de preservação e de enriquecimento. Os nossos educandos encontram hoje oportunidades excelentes para suas experiências extrafamiliares e extraescolares: parques de recreação, escolinhas de arte, lobinhos e fadinhas, bandeirantismo e escotismo, clubes esportivos, colônias de férias, excursões em grupos dirigidos, juventude estudantil e universitária católica, Instituto Brasil-Estados Unidos, Sociedade de Cultura Inglesa e Aliança Francesa, com suas atividades socioculturais e recreativas — agrupamentos todos que oferecem vivências preciosas porque auxiliam os jovens a se integrarem progressivamente na vida real.

A sociedade moderna está se tornando cada vez mais comunitária. A técnica de bem viver em grupo é das mais essenciais ao ajustamento individual. E essa técnica se adquire de muito cedo. A criança, por exemplo, que na escola aprende a ler sem ter assegurado primeiro o seu lugar nas atividades sociais da sua turma, terá, mais tarde, o deplorável hábito de refugiar-se nos livros, não por puro prazer, mas porque se colocou à margem da comunidade. A recreação é, quase sempre, vida de equipe. Na música, o coro é que representa importância, pois que permite o realce dos solistas. No esporte, o time adquiriu foros de personagem. No teatro, o estrelismo já perdeu seu prestígio. Essa tendência para a valorização do grupo exige disciplina do indivíduo. E a disciplina é precioso elemento para as boas relações humanas, pois que sobrepõe os interesses da coletividade ao bem-estar individual.

Nas técnicas do ajustamento, o grupo vem demonstrando o seu valor como força integradora. Com efeito, a grupo-terapia é processo de tratamento eficiente. Adaptar um indivíduo é, antes de mais nada, colocá-lo "no circuito", integrá-lo em grêmios que possam estimular suas virtualidades e ajudar a vencer suas inibições. A idéia da competição e do exibicionismo está sendo abolida no campo educacional, bem como a exploração dos talentos infantis para fins de valorização do professor. As "performances" recreativas devem ser uma síntese apenas das atividades normais e não um motivo para tirar à recreação o seu caráter de atividade liberadora da espontaneidade. O exibicionismo é tão prejudicial quanto a timidez; embora sejam ambas atitudes pueris, elas são encontradas em todas as idades. O verdadeiro teste de maturidade é consentir em ser ignorado. Na recreação é fácil levar a essa atitude, pois não há prêmios nem castigos para os fracassos e as vitórias, a não ser aqueles previstos nos regulamentos dos jogos. O terrível flagelo que é o medo da crítica e do ridículo é assim superado pelo simples regime de vida numa praça de jogos.

A atitude egocêntrica da criança que quer possuir não só os brinquedos dos companheiros, mas os próprios coleguinhas que lhe parecem indóceis quando resistem aos seus impulsos açambarcadores, cede o passo a um comportamento social, desde o momento em que entra para a escola. Ali, em grupo, ela aceita as diretivas de um guia e as regras de um jogo. Conforma-se em desempenhar uma função determinada, e de pôr em comum habilidades individuais para obter resultados de conjunto. Mas ainda predomina nessa primeira fase escolar o agrupamento efêmero. É na adolescência que se formam os grupos mais estáveis, que se compreende o valor da cooperação, o encanto da vida de equipe. Convém salientar, entretanto, que a puberdade traz também consigo uma tendência ao isolamento, uma atração para uma vida interior feita de devaneio. Essa tendência pode escravizar o jovem à sua família. Daí a utilidade dos movimentos juvenis dirigidos por educadores, os quais facilitam a sadia libertação da célula familiar e a integração num agrupamento extrafamiliar. Esse passo, quando coroado de êxito, levará facilmente o jovem ao interesse pelo seu país e pela humanidade. Os amigos representam o primeiro marco na emancipação necessária da família. São eles que transformam nosso instinto egoísta em instinto social.

O jogo é meio de pôr à prova os limites da vontade própria em confronto com a dos outros. É meio de apresentar as atitudes democráticas que serão imprescindíveis na vida: de dar mais ainda que de receber, de esperar a vez, de dividir, de agir e de decidir em conjunto, de escolher, de guiar, de suportar sem se vingar. As brigas entre crianças por ocasião do jogo são excelentes oportunidades para a aprendizagem da justa defesa.

Em via de regra, não se deve apartar briga de criança. Pode-se dizer àqueles que se vêm queixar: "Fulana bateu em vocês? Quer dizer que ela não quer brincar. Então não brinquem mais com ela". Assim a agressividade normal será punida pelo isolamento, o que, em geral, é o pior dos castigos. Há casos, porém, em que o agressivo precisa ser objeto de tratamento especial por parte da professora. É quando se trata de exagero, de atitude hostil constante e generalizada.

A briga de criança é aprendizado de autodefesa, necessária à prática da coragem. Sentem-se infelizes os meninos que têm medo de apanhar. Para esses, é recomendado o judô, o boxe, a esgrima. Quantos temperamentos afeminados já foram reajustados por esses exercícios que dão uma sensação de segurança confortadora e calmante!

Os pais e os professores não podem incentivar ou aprovar a briga. Não devem tão pouco dizer aos que reclamam: "Ele te bateu? Bata nele também". Seria ratificar a lei do talião. Assim, a atitude melhor é aquela que procura alhear-se quanto possível das lutas infantis.

É nas séries elementares que o jogo se manifesta mais agressivo. Os pequenos, iniciados na luta pelos grupos da vizinhança, esperam granjear admiração pela sua força física. Mas, na escola, a luta não encontra aprovação. Por isso adotam logo os calouros formas menos brutais de brinquedos coletivos. Acontece, porém, que, nesse regime, a eliminação dos ressentimentos não é total. Acresce que a situação de classe é artificial. As carteiras viradas para o professor; as crianças mantidas em silêncio, proibidas de se auxiliarem mutuamente, até mesmo de se verem frontalmente; as notas recompensando o sucesso e punindo o fracasso, raramente levando em conta o esforço real e o valor profundo de cada um; a competição manejada como arma para obter trabalho, reforçada pelo medo de perder importância, privilégio a afeição — todo esse aparelhamento contraria, ao invés de satisfazer os interesses profundos da criança. Daí não raro o fracasso alarmante no rendimento escolar, principalmente nas primeiras séries primárias. Cumpre então ao jogo dar expansão às repressões multiformes. A importância dos recreios na vida das escolas vem avultando à medida que melhor se vai conhecendo o mecanismo do desenvolvimento da personalidade. Os educadores não mais ignoram que o jogo é meio por excelência não só de expressão e de adaptação, mas também de aquisição, isto é, de aprendizagem.

O jogo, enfim, inicia na arte da diplomacia infantil e juvenil e prepara para as relações humanas satisfatórias. "É o vestíbulo, a um tempo, da arte, do trabalho e da ciência", diz Jean Chateau.

A recreação tem, pois, funções várias: há as atividades escapatórias, que dão vazão ao excesso de energia e às cargas emocionais; há as atividades criadoras e as socioculturais que contribuem especialmente para o desenvolvimento da personalidade; e há as atividades de serviço, cuja característica é a solidariedade com os outros, extremamente construtivas, porque levam à caridade e ao civismo.

III – A RECREAÇÃO NA FAMÍLIA

A influência do exemplo

Como levar o indivíduo a bem usar dessa fortuna que é hoje o lazer? Só há um caminho: educar para a recreação, como se educa para o trabalho, para a cultura, para a adaptação social, para o aperfeiçoamento moral, para a ascensão espiritual.

Educa-se para o bom aproveitamento das horas de lazer na família, na escola, nas atividades extrafamiliares e extraescolares.

É na família, por certo, que se inculcam os primeiros hábitos de recreação. Com efeito, como para os hábitos de saúde e de orientação para a vida, a recreação é responsabilidade que cabe principalmente à família. Como é pelo exemplo, pelas imagens de vida que educamos, é a atitude dos pais em relação às atividades recreativas que transmite a capacidade de gozar de um brinquedo. A primeira escola de recreação é a fisionomia da mãe: "*L'enfant devient ce qu'il regarde*!" Quantos jovens vivem entediados! Quanta criança gira em torno dos seus educadores com a pergunta: – "Que é que vou fazer?" Os atarefados erram muito quando respondem; – "Faça o que você quiser..." A boa resposta seria a de estimular no sentido de uma iniciativa de livre escolha. "Vamos ver o que você pode fazer..." Um momento de atenção do adulto e o pequeno encontra logo atividades que o absorvam.

A criança imita não só os gestos, mas também a atitude interior. Os pais devem ser, pois, prazenteiros; devem usar o riso e a piada como se faz uso de vitaminas e de desinfetantes. A alegria é força saneadora, construtiva, vitalizadora. A nós, adultos, incomoda uma fisionomia cerrada; que não dirão as crianças, os adolescentes, que necessitam de apoio e de aprovação muito mais que do alimento, diante de um semblante taciturno? Há fisionomias que são permanente recreação para os olhos. Mas há as mães que confessam desoladas: "Não sei brincar com meu filho! Não tenho paciência..." Se elas percebessem as oportunidades de influência que estão perdendo e se soubessem que a criança é extremamente sensível a uma atmosfera e se apega àqueles que irradiam felicidade, elas tratariam de fazer a melhor das aprendizagens: a de saber brincar com os pequeninos. Tratariam de compreender a função dos brinquedos de agarrar, de bater, de destruir, de fazer barulho, de sujar. Não diriam aos seus filhos a frase clássica: "Pode olhar, mas não pode pegar". Procurariam organizar a casa de modo que os pequenos não fossem, a cada passo, tolhidos nos seus impulsos.

O pai deveria também colaborar na criação de um clima feliz. Quando leva para casa, não as suas preocupações, mas histórias empolgantes para contar, está dando aos filhos uma concepção otimista do mundo.

O lazer é o tempo livre ganho pelo trabalho. Quem trabalha o dia inteiro sente verdadeiro júbilo, aos domingos, em dormir até mais tarde ou em fazer o que entende do seu feriado. O elemento *lazer* implica a idéia de ocasião especial para uma atividade favorita ou livremente escolhida. Um período de desemprego é diferente do período de férias.

A habilidade de usar sabiamente o lazer para cultivar a saúde física, moral e espiritual, é dever dos grandes para treinamento dos pequenos. Os pais que não são capazes de organizar jogos e divertimentos com os filhos não poderão exigir que estes se comprazam no círculo da família. Como poderiam ser interessantes, quando bem planejados, passeios aos parques e ao jardim zoológico; banhos de mar ou de piscina; piqueniques ou compras numa grande loja; visita aos lugares desconhecidos, aos pontos pitorescos da cidade; viagens de bonde até o fim da linha!

Dona Sebastiana era uma avó cheia de fantasia. Tudo que inventava era divertido, porque associava os netos aos seus projetos. Saía às vezes de madrugada, para buscar água numa famosa "biquinha", em São Paulo! O passeio tinha um cunho de mistério; não se podia acordar os pais dos meninos, pois tudo devia ser surpresa. Estes ficavam sempre encantados quando, ao despertar, encontravam aquela porção de moringues cheios da água tão decantada na cidade. A missa do domingo tinha de ser com o escuro, para ver as estrelas. Lá vinham, pelo caminho, histórias religiosas que preparavam o espírito para a oração. O café, naquele dia, apresentava uma broa tradicional, com um anel dentro. Quem o achasse ganhava uma broinha suplementar. Dona Sebastiana levava sempre os netos ao mercado; era ocasião para lições de coisas interessantíssimas. A faxina da casa, aos sábados, era ocasião para grande divertimento, para brinquedos com água, para arrumações sem fim.

E todas essas atividades eram acompanhadas de ditos chistosos, de histórias fantásticas, de charadas, o que fazia daquela senhora de cabelos brancos o ídolo dos netos.

O adolescente prefere divertir-se com os colegas. O seu objetivo principal é ser ele próprio, achar-se a si próprio, revelar a si mesmo sua identidade, distinta da sua família. E como é no lazer que somos mais livremente nós mesmos, cumpre deixar ao adolescente, o quanto possível, a livre escolha de suas atividades.

A confiança do jovem nos seus pais tem de ser construída na infância. E é através do brinquedo, da participação dos lazeres, que se forma essa camaradagem, tão útil quando chegam as horas tempestuosas da adolescência.

O tema principal de conversa nas reuniões de família deveria ser o das atividades interessantes e significativas de cada um dos seus membros. E se a família é cristã, cumpre dar aos filhos, especialmente através da recreação, uma concepção de vida consentânea com os princípios evangélicos. São tantos os meios ao seu alcance! Histórias edificantes; programas de rádio religiosos;

participação no coro da igreja, nas suas quermesses e programas recreativos. Assistir a filmes construtivos e comentá-los; ouvir discos religiosos por ocasião de determinadas festas; apreciar o canto gregoriano; estudar as obras-primas da arte religiosa; tudo isso demonstra que o cristão pode e deve cultivar a alegria, servindo-se para tal de todos os meios que Deus colocou ao seu alcance. "Um santo triste é um triste santo". A fim de que se tornem aceitáveis os ideais de vida cristã, bem como a motivação para praticá-los, devem surgir no lar vivências atraentes e convincentes, a exemplo das práticas do Movimento Escoteiro.

Uma pesquisa americana revelou que 90% dos interesses recreativos de adultos resultam de algum interesse que fora encorajado no lar, por algum membro da família. É sabido, aliás, que metade das atividades recreativas da mocidade é despendida em casa. Curioso notar que as crianças que têm programas de recreação variados em casa não vão quase ao cinema. Certa vez, indagando-se de freqüentadores assíduos do cinema qual a razão que determinava essa sua preferência, obteve-se a seguinte resposta: "Nada temos de melhor a fazer". Delinquentes juvenis na América escusam-se frequentemente dos seus crimes, dizendo: "Em casa nada acontecia de interessante".

O quarto da criança

As crianças deveriam ter, desde pequeninos, seu quarto separado do quarto dos pais, um mundo multicor, onde pudessem estar sós, trabalhando, movimentando seus brinquedos e sonhando. Esse será sempre, dentro de casa, seu lugar preferido. Os trabalhos manuais, bem como os brinquedos, escolhidos dentro dos critérios estabelecidos hoje pelos técnicos, devem ser a atração que ali vai ocupar e cultivar a mente infantil. Cumpre lembrar que a criança pequena só se interessa por um mesmo brinquedo pelo período aproximado de dez minutos. Nada obstante, há necessidade de dosar a quantidade dos brinquedos, de estabelecer-lhes uma "dieta", exatamente como para os alimentos. Não se deve fornecer apenas o brinquedo fácil. Quando falta o brinquedo estimulante, a criança fica subdesenvolvida. Quando há excesso de dificuldade, morre o interesse. O melhor brinquedo é aquele que estimula a atividade.

O adulto não deve dar opinião sobre os brinquedos, dizendo, por exemplo, que a boneca só convém às meninas. Os dois sexos muito se assemelham na primeira infância. Permita-se, pois, a livre escolha dos brinquedos.

O quarto da criança deve ser funcional. Ele é o laboratório em que se cria uma personalidade para o futuro. Ali, naquele chão, em que os brinquedos são movimentados à vontade, no topo de uma mesa que funciona como torno de carpinteiro, feita para suportar cortes e manchas, sem consideração excessiva de limpeza nem de ordem, dentro daquelas paredes cheias de prateleiras claras que ostentam objetos coloridos fascinantes, ali é que a criança constrói a sua concepção do mundo, ali é que ela pode conquistar sua autonomia, ali é que se trama o seu destino. É da boa organização desse quarto que depende em grande parte a conquista da autossuficiência, fim a que colima em última análise a educação.

A decoração deve mudar de acordo com os interesses da idade: representação de água corrente ou da fogueira de São João, de uma lareira aconchegando os membros de uma família, de crianças se divertindo; de animais; cenas de boas ações; imagens de Nossa Senhora com o Menino Jesus ao colo; anjo da guarda; crucifixo; pia de água benta.

É aconselhável, agora que se conhece o valor do desenho, que haja no quarto um quadro-negro ou uma faixa de linóleo verde ao longo da parede. Giz de todas as cores, uma esponja, pá e vassourinha para recolherem as sobras caídas no chão, eis o necessário para o desenho espontâneo. Não há criança que não goste de desenho e que dele não necessite para exprimir sua realidade interior. Os pais não devem retocar as produções dos filhos, nem tampouco criticá-las ou interpretá-las. O desenho pertence à criança. É criação sua. Se os adultos a respeitarem, ela também respeitará o trabalho dos outros. Desenhar no quarto leva a hábitos de ordem e de limpeza. É preciso guardar cada coisa em seu lugar. Se se colocar a esponja molhada em cima do giz, este não servirá mais para o desenho; os objetos largados arriscam desaparecer na limpeza do quarto. E como desenhar é atividade fascinante, impõe-se muito naturalmente o esforço de resguardar o seu material tão precioso.

O valor dos brinquedos

Quando pequeninos, os bebês preferem as cores fundamentais, bem vivas, especialmente o amarelo e o vermelho, brinquedos de matéria plástica, de borracha mole e de pelica envernizada. Cubos e esferas, por serem formas simples, são muito apreciados. A bola fascina o homem, do berço ao túmulo. É fonte das alegrias mais exaltadas e sadias.

Quando o pequeno começa a andar, são mais indicados os brinquedos que auxiliam a equilibrar-se, como um carrinho de boneca sólido para empurrar, brinquedos para puxar, uma cesta com alça para transportar "bugigangas". Todo brinquedo que produz ruído ao movimentar-se alegra, esse barulho, que parece ser produzido pelo próprio bebê, alimenta seu sentido do poder.

Permita-se à criança tocar, mexer, apalpar. Cumpre fornecer-lhe objetos ásperos e veludosos, duros e moles, estáveis e movediços, a fim de que se desenvolva a sensação íntima de conhecer o mundo e de saber enfrentá-lo. Os bibelôs de estimação podem ser guardados durante o tempo em que está sendo exercido o sentido de curiosidade e de independência. Nada pior do que a atmosfera do "não se aproxime, não toque, não mexa, fique quieto", pois é dessarte que se cria o sentimento de culpa. O pequeno que se julga "mauzinho, feio, desajeitado" pode ser levado à concepção pessimista do mundo.

Dentre os brinquedos mais úteis, convém notar os blocos de construção, os jogos de armar. Primeiro, o pequeno se diverte, transportando os blocos de um lado para outro. Depois, aos três anos, a construção com blocos toma formas definidas: muros, portas, cercas. Aos quatro anos, a criança dá nome às suas construções. Utiliza-as também para suas dramatizações. Por volta dos seis anos há já a preocupação com formas mais precisas e com a idéia do equilíbrio. O bloco quando bem grande desenvolve os músculos maiores: além de suas possibilidades criadoras, fornece conceitos de cálculos por meio de exemplos concretos. Por volta dos oito anos, o "pequeno construtor" virá substituir os jogos de armar, trazendo idéias de arquitetura e de engenharia.

O jogo de encaixe excita a curiosidade pelos problemas que origina. O brinquedo com rodas, como vagões ou caminhões, que possa ser puxado ou empurrado, é sempre muito popular, assim como animais de todo tamanho e de variado material.

Aos dois anos e meio a criança gosta de brincar com água e com terra. É o momento, pois, para as bacias, os baldes, os regadores. Tem necessidade de manipular: dá-se-lhe, por isso, areia, pá, caminhões de transporte. Gosta também de ter responsabilidades nos afazeres domésticos, já que é grande o anseio por participar dos trabalhos dos adultos.

Como são apreciados nessa idade o banco de carpintaria e as ferramentas! Fabricar mobílias é sonho constante. O martelo de borracha e os pregos largos, o torninho e a plaina, a lixa e a verruma são excelentes agentes de coordenação motora.

Toda criança tem uma fase em que predomina a fascinação pelo trem. O jogo do trem movimenta então a casa toda. As cadeiras desempenham alta função na organização desse jogo.

Outro brinquedo estimulante é a boneca. A princípio, funciona apenas como um símbolo. A criança não dá valor à sua aparência. Carrega-a pelos cabelos, pelos braços, pelas pernas. Mas, depois, é preciso que a boneca seja bonita para ser querida. Convém mesmo que seja de boa qualidade para durar. Há grande vantagem que ela se torne companheira da infância e da meninice. É com a boneca que a criança faz os seus ensaios dos misteres da maternidade. Depois de cozinhar para a boneca, de fazer-lhe a cama e de arrumar-lhe o armário, de preparar-lhe a casa com os móveis e de dar-lhe educação, a menina passa às tarefas domésticas com extrema facilidade.

Corda para pular, arco, pião, bolas de gude; automóveis, aviões e caminhões; patins, velocípede e patinete; bicicleta e aparelhos de ginástica, todo esse material tem sua função precisa. Alguns brinquedos devem trazer consigo a idéia do risco. Uma pequena, a quem ofereceram um servicinho de café, feito de madeira, objetou: "Eu queria um aparelho que quebrasse". Brincar de adulto é ter a alegria do dominar o risco.

Não se deve esquecer, porém, que, para a criança pequena, a caixa de papelão, a caneca e uma série de colherinhas, a conta de enfiar e os botões, as garrafinhas e os tubos de remédio vazios, as chapinhas de Coca-Cola, os pedacinhos de pau e as varas oferecem muito maior campo à imaginação do que os brinquedos comprados. Um só detalhe simbólico lhe basta para compor aquilo que imagina: orelhas grandes para o coelho ou para o burro, espingarda para o soldado, revólver para o "mocinho", penas e colares para o índio. Já não viram o menino correndo e levando nas mãos um arco de arame que para ele é o guidom do automóvel? Prefere o arco ao próprio volante. É que brincar não é possuir um objeto estruturado e sim fazer combinações indefinidas com pequeninos nadas. A criança esquematiza os objetos. Quanto mais primitivo o esquema, mais campo tem a imaginação para as suas composições. O que diverte é o sonho a propósito do brinquedo mais que o próprio brinquedo, bem como a atividade criadora que ele engendra.

> "Os adultos dão aos seus filhos magníficos e engenhosos brinquedos, com os quais eles próprios teriam vontade de brincar. As crianças os quebram primeiro, para, em seguida, darem aos destroços nomes mágicos, e com eles inventarem novos jogos."

Um príncipe da Inglaterra preferia panelas velhas e uma pá de madeira ao brinquedo mais suntuoso. E Maria José, filha do rei Alberto, quando pequena, só gostava de enfiar contas e de puxar uma série de caixas de papelão, ligadas umas às outras por barbante, figurando um trem interminável. O reino da criança é o da palavra e do gesto, da encarnação e da transposição. Os brinquedos mecânicos que agem por si ao invés de exigirem atividade não têm, por isso mesmo, valor educacional para pré-escolares. Quando o menino começa a compreender-lhes o mecanismo, então sim, eles estimulam o interesse pela mecânica e pela física.

Todos os pais deveriam ler a deliciosa narrativa de Carlos Drumond de Andrade, *A Gaitinha*:

> O Padrinho foi ao colégio, na Muda da Tijuca, e tirou Guilherme para passear. Olhos de inveja do irmão, também interno, mas sem direito a sair, porque seu comportamento era do tipo que "deixa muito a desejar". Desejar o quê ele não sabia. Mas sabia que o irmão ia gozar a vida lá fora, o ar, as ruas, os cinemas, tudo que vale a pena, enquanto ele, Gustavo, continuaria mergulhado no mar morto do pátio, dos corredores, do nhenhenhém cotidiano.

Guilherme tinha planos para a emergência, e todos se resumiam em tirar o máximo possível da liberdade do padrinho.

— O senhor me dá um presente de aniversário?

— Seu aniversário é daqui a oito meses.

— É, mas...

— Bem, eu dou.

O padrinho propôs-lhe um blusão alinhado, mas ele entendia que roupa é obrigação de pai e mãe — não vale. Livro, também não. Nas férias, aceitaria a coleção de *science-fiction*, mas em pleno ano letivo, para descanso de tanta labuta no campo da ciência e das letras, o que lhe convinha mesmo era um brinquedo bem legal.

— Brinquedo? Mas você pode brincar com essas coisas no colégio?

— Posso.

Talvez não pudesse, mas isso eram outros quinhentos. Foram à loja de brinquedos. O problema era escolher entre o trem elétrico, o foguete cósmico, a caixa de aquarela, o equipamento de Bat Masterson, o cérebro eletrônico e outras infinitas tentações.

— Vamos, escolhe — dizia o padrinho, disposto a tudo, menos a esperar.

Ele comparava, meditava, decidia, arrependia-se. E como era impossível levar os brinquedos que o atraíam, pois cada qual tinha seu inconveniente, que era não ter as qualidades dos demais, repeliu a todos:

— Quero aquela gaitinha. Aquela verde, ali.

A finalidade do brinquedo não é só trazer a criança ocupada, mas é também prover às exigências das diferentes fases do crescimento. Para cada idade, há os brinquedos apropriados: primeiro os que podem ser manejados de modo a esgotar suas possibilidades; depois aqueles que oferecem uma dificuldade e que fazem apelo à engenhosidade. São estes últimos, evidentemente, que estimulam o desenvolvimento e determinam o amadurecimento da criança. Todavia, o brinquedo complicado que não possa ser usado com algum sucesso desestimula e aborrece.

O brinquedo é para a criança o que o trabalho é para o adulto: é sua ocupação essencial, a "coisa mais séria do mundo".

Cada atividade, quando corresponde ao interesse profundo, isto é, quando é proposta no momento oportuno, desenvolve toda a personalidade da criança. Assim,

> "derramar água, aos dois anos e meio, não significa apenas adquirir equilíbrio e habilidade, por vezes, aliás, surpreendente: é também observar, comparar, refletir, inventar, resolver, com as mãos ou com o espírito, problemas de pensamento e de vida".
>
> "A cada atividade que se realiza adaptada à criança é toda a criança que cresce e que progride. A escolha do brinquedo deve atender, por isso, não só à idade e ao sexo, mas também ao temperamento da criança, pois cada qual tem os seus interesses próprios."

O pequeno deve poder sentir que o brinquedo lhe pertence totalmente, que o brinquedo é propriedade sua. Quando ele o estraga, o adulto deve participar da sua tristeza e não castigá-lo. A concepção de propriedade se formará de acordo com essa primeira experiência de possessão. Os pais devem mostrar muito respeito pelos brinquedos dos filhos, a fim de que estes os imitem. Consertem os estragos junto com os pequenos, para iniciá-los na arte de reparação do mal cometido, libertando-os, ao mesmo tempo, de algum sentimento de culpa que porventura tenha surgido.

É útil, igualmente, levar a criança a transformar seus brinquedos, a pintá-los, a modificar-lhes a forma. Esse trabalho criador não representa uma profanação do brinquedo tão querido, mas sim uma homenagem a ele prestada, porque permite conservá-lo por mais tempo.

Os parques de recreação deveriam ter uma oficina de recuperação de brinquedos. Essa é uma das modalidades mais interessantes do trabalho manual, porque faz apelo à invenção e prepara, especialmente o menino, ao futuro mister de "faz-tudo" na vida doméstica.

O meio ambiente

O meio ambiente da criança deve ser rico em material de brinquedo, estruturado e não-estruturado, pois esse material é por si um convite permanente à aprendizagem. O apartamento, infelizmente, não pode apresentar oportunidades para experiências diretas, como galinheiros e lagoas de patos, jardins com flores e pássaros, caminhos misteriosos com barrancos para escorregar; esconderijos e passagens secretas; grutas e trincheiras; areias, pedras e terra; galhos, folhas e frutas; plantas; para serem observadas, árvores para serem exploradas. Todavia, há sempre lugar para um caixote ou umas latas, um pote com plantas, ou um tabuleiro de areia com forminhas; uma tartaruga ou um cachorrinho, um gato ou um aquário, uma pia ou um tanque; enfim, lugar para um material "vivo" que ofereça interesse sempre renovado. Que a natureza se instale no apartamento, já que seus prisioneirozinhos não podem viver dentro dela. O essencial é que haja liberdade de explorar, de compor, de mexer, de tirar partido; de descobrir e de aprender; de criar e de admirar.

Sendo o apartamento um território exíguo, é aconselhável permitir à criança ter um lugarzinho no quarto dos pais para brincar, bem como na sala e na cozinha, nos intervalos das refeições. Só se toma conta de um chão quando nele se pode brincar. É curioso notar como melhoram as relações pais-filhos quando existe esse espírito comunitário. Essa medida permite maior exigência na ordem e na limpeza, pois o quarto dos pais, a sala e a cozinha devem ser rearrumados, quando terminada a brincadeira.

O apartamento facilita a cooperação nos afazeres domésticos. Os deuses que a criança adora são os adultos. Toda sua atividade é dominada pela obsessão de igualar os "grandes", daí o prazer com que participa, desde que começa a andar, nas ocupações caseiras. A queixa mais freqüente da criança, na terceira infância, é a de que os pais não brincam suficientemente com ela. Levar e trazer objetos, abrir e fechar portas, esvaziar cestas de papel, falar no telefone, subir e descer escada, brincar de pegar e de esconder coisas, eis algumas atividades que seduzem permanentemente o pequenito, quando habilmente sugeridas. Cumpre, entretanto, fazer, quando oportuno, a transferência do "poder ajudar" para o "dever ajudar".

O lazer não é só a situação em que se pode fazer o que se quer. É também o fenômeno do relaxamento dos nervos, a situação sem constrangimento. Ora, o lar deveria ser, para a criança como para o adulto, a zona de recreação por excelência. A própria atmosfera da casa, impregnada de harmonia e vivificada pelo espírito de família, deveria poder constituir por si só um delicioso lazer. A tensão nervosa, a cólera, os gritos, a discórdia, os mal-entendidos latentes, a hostilidade silenciosa impedem, não raro, que se volte a casa com prazer. Quantos há, adultos e crianças, que fecham a porta do apartamento como se saíssem de uma prisão. Vão respirar lá fora... Esse clima de tensão emocional nos lares de hoje é o grande responsável pelo desequilíbrio assustador da nossa época. Os lazeres são já de si tarefa difícil de organizar. Que o ambiente de casa seja pelo menos, por si mesmo, um descanso para os nervos! Que o pai de família procure estar presente nas horas de refeições e no momento de irem as crianças para cama. A risada, o otimismo, o bom-humor da família, as atividades empreendidas em comum, os jogos sociais como o dominó, as damas, as cartas, já podem ser boa dose de recreação e das mais sadias porque estreitam laços de amizade. As festas e aniversários, as excursões e as férias devem constituir acontecimentos jubilosos que fornecem assuntos de conversa divertidos, e um patrimônio de lembranças a iluminarem a vida. Nada mais consolador do que recordar, nos tempos árduos da luta, as horas felizes passadas junto da família, quando esta foi unida e alegre. O lar é uma fisionomia, o rosto jovial dos pais, sempre acolhedor e compreensivo.

Natal na família Albano deixava saudades. A preparação era feita com enorme antecedência e no maior dos mistérios. Cada qual organizava melhores surpresas. Todos viviam atentos para saber qual o presente mais desejado por cada um. O dinheiro disponível era economizado para as compras de fim de ano. Nas vésperas do grande dia o ambiente redobrava de segredos. As músicas natalinas iam criando uma atmosfera religiosa. Finalmente, iniciavam-se as decorações. Os membros mais chegados à família vinham ajudar. Os vizinhos passavam para dar opinião. Realmente, a festa máxima da cristandade assumia um caráter comunitário fascinante. A significação religiosa da festa era comentada pelo pai, à mesa, com uma unção que a todos enchia de piedade. Antes mesmo da hora da missa já estava realizada aquela intensa união espiritual que faz a força das famílias cristãs. A celebração posterior, na ceia tradicional em meio à decoração toda litúrgica, tinha um caráter sagrado: era como um complemento à cerimônia da igreja. A troca de presentes enchia as almas de satisfação, pois aquelas lembranças representavam sacrifício e vinham cheias da mais sincera afeição. Os versinhos e os votos redigidos com espírito faziam as delícias da gente moça.

Na Provença havia, outrora, comovedora tradição. Antes da ceia, apagavam-se as luzes. Aqueles que tinham entre si mágoas ou desavenças, beijavam-se no escuro, reconciliavam-se, a fim de celebrar o Natal em atmosfera da mais perfeita fraternidade.

E pensar que há famílias em que o réveillon de Natal é apenas pretexto para lautos jantares e reuniões profanas. E que muitos pais se lamentam amargamente das despesas que o Natal acarreta, tirando todo o sabor aos presentes preparados!

As festas de família são excelentes oportunidades de transferência da habilidade do estar-junto adquirida em pequeno grupo para um círculo mais amplo. Essa transferência será tanto mais perfeita quanto a criança for envolvida na preparação das recepções. Desempenhando um papel no programa festivo, ela dominará mais facilmente a timidez. Pensando no prazer que é preciso proporcionar aos outros, ela se habitua a encarar os contatos com estranhos sob um ângulo desinteressado, educando assim o senso social. Quanta criança recebe visita perguntando: "O que é que você trouxe para mim?" Se não veio o presente, perde-se o interesse pelas pessoas!

O aniversário da criança também deve ser planejado em comum. Dá pena ver como se desvirtua atualmente essa festa que poderia ser tão cheia de significação. Não há um ato religioso que consagre o dia à ação de graças pelos dons recebidos! A pletora de presentes e de iguarias satura e enerva. Presentes caros e tantas vezes inadequados. A sessão de cinema contribui mais ainda para agitar a reunião de crianças. Onde a possibilidade para uma conversa amistosa? A festa de criança pouco tem hoje de verdadeiramente familiar. Nem de formativo para uma vida de adulto comunitária.

A técnica das refeições

Dentre os "tempos fortes" da tarefa educativa, figuram as refeições. A tentação que assalta os pais nessa hora é a da "obsessão moralizadora", esquecidos de que esses devem ser momentos de prazer por excelência. Se filmássemos um jantar em família, quanta surpresa! Conselhos, censuras, discussões, gritos, cólera, mau-humor, silêncios soturnos, dificuldade de engolir. Conseqüência? Ressentimentos, resfriamento de espírito de família, úlceras no estômago e na alma!

O drama começa inocentemente: "Menino, senta direito! Que mãos sujas! O cabelo sempre despenteado! Vá se arrumar!".

O menino não se mexe, já amuado. E a batalha se desencadeia.

Entretanto, se os pais soubessem! É durante as refeições que se reorganiza e recria o espírito de família, esse personagem fluido, ameaçado constantemente de desintegração. Cada encontro em torno da mesa familiar deveria determinar união mais plenária. Por que não se há de banir sistematicamente todo elemento de discórdia e de fastio, de evitar alimentos que não são apreciados, de prever meios precisos para criar um clima de entendimento, de repouso e de expansão?

Duas condições materiais são indispensáveis: fidelidade ao horário estabelecido e atração da mesa e dos pratos.

A pontualidade é facilmente obtida com o exemplo do pai de família. O atraso dos filhos deve trazer uma conseqüência desagradável: supressão do alimento preferido, por exemplo. Isso, porém, com calma, embora com firmeza. Nenhuma censura: apenas a sanção.

A apresentação dos alimentos tem sua importância para que o ambiente seja agradável. A criança deve gostar de comer. Pratos coloridos, bem compostos, variados e gostosos valorizam a cerimônia e falam ao coração mais que juras de amor. Tantas mulheres não devem, em parte, a alegria do lar ao seu talento culinário?

A atmosfera de cordialidade é mantida pela alegria. A alegria une, torna expansivo, permite a influência, gera lembranças duradouras. É a alegria que facilita o processo da adaptação fácil às pessoas e às circunstâncias, pois elimina a atitude de oposição. Cumpre ao adulto ser contemporâneo da criança: participar dos seus interesses, falar a sua linguagem. Cumpre ser um tanto cego aos seus erros e surdo às suas extravagâncias, embora sejam traçados, com firmeza, limites à liberdade infantil.

O primeiro momento da refeição exige, pois, sorriso, fisionomias acolhedoras, predisposição para participar do prazer do "estar-junto". Os olhos devem exprimir aquele desejo que é formulado pelas palavras: "Bom apetite".

Os primeiros cristãos gostavam de comer em grupo a fim de praticar a fraternidade. Beijavam-se. Rezavam em comum. O chefe abençoava o pão antes de distribuí-lo. A refeição tinha, para eles, um caráter sagrado. Tomavam-na em estado de alegria.

A oração, que pode ser composta e recitada cada dia por um dos presentes, cria um movimento de ascensão espiritual. É como que um ato de consagração. O alimento do corpo torna-se sacramento, símbolo do alimento da alma pela comunhão na amizade.

Vem, em seguida, a fase da expansão.

Que bom estarem todos reunidos! Quanta coisa para contar! Cada qual deve poder dizer uma palavrinha. A conversa, todavia, deve ser significativa. Nada de vulgaridades, nem de maledicências.

Cabe aqui a narrativa dos últimos acontecimentos da vida diária. De preferência, histórias engraçadas: o gênero cômico convém a todas as idades. O dito chistoso acalma a agitação e encoraja os tímidos. O riso é como o tempero: abre o apetite. Mas, como nem todos têm espírito, deve ser bem aceita a história interessante que desperta a curiosidade e se integra na cultura. Aos pais cabe especialmente a história estimulante, que relata atos de bravura, feitos dignos de admiração. Esse o meio de suscitar interesse pelos problemas do mundo.

Dois engenheiros trabalhavam juntos. Um deles tinha habitualmente longos momentos em que ficava absorto. Intrigado, o companheiro pergunta-lhe:

> "Em que pensas quando assim te distrais? — Estou a compor, respondeu o amigo, histórias para contar aos meus filhos à hora do jantar. Esse o meio que tenho de estar sempre presente no coração deles, como um anteparo às influências estranhas".

Finalmente, como a educação é dom afetivo, trata-se de demonstrar, no decorrer das refeições, o apego que uns têm pelos outros. Cortesia no desejo de servir. Atenção aos vizinhos. Arte de ouvir.

Valorização do trabalho da mãe, a quem se devem os "quitutes", e do pai, cujo trabalho proporciona o bem-estar do lar.

São esses momentos de efusão e de ternura que constituem as horas de lazer mais construtivas para a formação da personalidade.

O dia da criança

O dia da criança precisa ser bem organizado, sem excesso, porém, de movimentação. Que estejam perfeitamente combinadas as atividades mais violentas de jogo ao ar livre com as de interior, mais calmas e refletidas; as de grupo, que desenvolvem as boas relações humanas, com as individuais que favorecem a meditação, o sonho, a criação.

É mister conhecer os impulsos normais da criança para saber atender aos mesmos, de forma a não prejudicar a aquisição dos bons hábitos. Assim, por exemplo, a criança tem um gosto pronunciado, que, aliás, é ancestral, pela maquiagem. A maquiagem é para ela, como a máscara e a fantasia, um biombo atrás do qual ela se esconde e que permite ao eu expansão mais livre dos desejos recalcados. Gosta também de sujar-se, de lambuzar-se. Como permitir a satisfação dessas tendências sem contraditar os ensinamentos constantes de limpeza?

Permita-se à criança cobrir o rosto com máscara de papel e, diante do espelho, poderá pintar-se à vontade. Poderá fazer o mesmo sobre uma túnica de papel de embrulho, amarrada à cintura com um barbante. Essa túnica, uma vez pintada, dará a ilusão do escudo dos bárbaros ou da tatuagem dos índios. São maravilhosos, não raro, os motivos criados no "estado de graça da alegria".

A criança gosta igualmente de vestir a roupa dos adultos, a fim de satisfazer a permanente ambição de ser um deles. Nada mais fácil que organizar um desfile de modas ou um baile a fantasia com roupas emprestadas. O "jogo do manequim" é muito popular: consiste em criar modelos em papel crepom.

Assim é que se pode ir de encontro às necessidades profundas da criança, proporcionando-lhe uma infância feliz — condição primeira do equilíbrio no adulto.

A criança tem necessidade de atividade mais ainda do que de alimento: correr, saltar, dançar, brincar com areia, trepar e descer, agachar-se para observar bichos e plantas, andar de quatro, puxar e empurrar carrinhos, esconder e assustar nunca a enfastiam. Exercícios de imitação de animais, como sejam, rastejar como cobra, andar como o elefante, a girafa, o urso ou o pinguim; saltar como o sapo, deslizar como a borboleta, saltitar como o macaco a encantam. Andar em ritmo, manter o equilíbrio, caminhar de olhos fechados e na pontinha dos pés, oferecer e receber objetos com graça, levantar-se e sentar-se sem barulho, também são movimentos que desenvolvem a segurança. A criança tem necessidade, que também é vital, de brincar com outras crianças: adulto nenhum poderá jamais substituir o companheiro da mesma idade. O filho único deveria ter oportunidade diária de contato com outras crianças.

O brinquedo da criança nunca deve ser interrompido bruscamente. Um aviso prévio facilita a passagem do mundo da ficção para o da realidade. "Já está quase na hora do almoço..." Pode-se também ir mais longe entrando no brinquedo, mostrando consideração para com a atividade que vai ser preciso abandonar: "É bom ir pondo a boneca na cama. A mãezinha dela vai comer e depois volta para vir dormir junto com ela..." Manifestar compreensão previne a hostil idade e predispõe à obediência.

A música, ouvida como sussurro, quando bem escolhida e usada em momentos oportunos, atua favoravelmente sobre a afetividade, êsse elemento primordial do equilíbrio que exerce verdadeira tirania na pequenina infância, enquanto não estão desenvolvidos nem inteligência nem senso social. A música age diretamente: não precisa do intermediário das representações imaginativas nem das convenções. Cumpre envolver os bebês em atmosfera de músicas apropriadas, de ritmo e de cores calmantes ou excitantes, segundo os diversos temperamentos, a fim de tirar desses fatores toda a riqueza que podem trazer ao ajustamento da personalidade.

Os pais devem saber que o desejo de destruir precede na criança o desejo de construir, principalmente quando se trata de meninos; que o prazer de colorir precede o de desenhar; que o desenho vertical e em grandes superfícies de papel corresponde a impulsos irreprimíveis; que os jogos de armar e de encaixar, as tintas, o papel, o lápis, os brinquedos, são instrumentos essenciais ao funcionamento dos mecanismos da evolução normal; que as realidades individuais — conflitos, desejos conscientes e inconscientes, preocupações e alegrias — não se traduzem facilmente pela linguagem, mas se exprimem melhor pela música, pela dança, pelo desenho e pela pintura, pela modelagem, pelo jôgo simbólico; que as formas livres de autoexpressão artística e construtiva são aquelas que mais concorrem para o bom ajustamento emocional; que a história é o meio indireto de corrigir defeitos, de formar hábitos sadios, de proporcionar descargas emocionais. Finalmente, os pais devem se conformar quando, na adolescência, os jovens preferem divertir-se na escola, na rua ou nos agrupamentos. Para retê-los em casa é mister atrair o seu bando de companheiros ou organizar com eles reuniões de real interesse.

Feliz o lar acolhedor que sabe abrir suas portas aos parentes e amigos: eles trazem consigo a alegria e o sabor da novidade; amenizam as tensões familiares; transformam em lazer até o próprio estudo. Eles são finalmente mensageiros prestigiosos da realidade social que familiarizam os jovens com o mundo.

IV — POSSIBILIDADES RECREATIVAS DOS ELEMENTOS DE BASE

Certos psicólogos denominam "elementos de base" a terra, a água, o fogo e o ar. Com efeito, esses elementos não estruturados, isto é, sem forma definida, fornecem a base para a maior parte das atividades intelectuais e sensório-motoras da criança. Todos eles oferecem atração irresistível porque alimentam a fantasia e são dóceis ao espírito criador.

A terra

A terra é o elemento mais acessível ao homem primitivo. Presta-se a gravar impressões da personalidade. Traz consigo a idéia de duração, pois conserva a forma e a cor, bem como a plasticidade.

O fascínio que exerce a terra sobre a criança é maior que o da água, do fogo e do ar. Quem não contemplou a atitude concentrada, séria, feliz dos pequenos de três anos que brincam com a argila ou a areia? Cavar a terra, amassá-la, dar-lhe forma são gestos primitivos que correspondem a um instinto profundo. Distraem do interesse pelo excremento, tão intenso a partir da idade de dois anos.

Barbara Low conta a história de uma criança que só pensava em brincar com barro e substâncias análogas. A governante, querendo evitar que a menina se sujasse, dá-lhe jogos de armar, de matérias sólidas. Todavia, a criança se cansa. Sente-se moralmente deprimida e fisicamente tolhida. Mais tarde, no jardim de infância, brinca com areia molhada, barro, plastilina. Aprende, então, a brincar sem se sujar e demonstra logo preocupações artísticas. Passa a ser uma das melhores alunas. Cessam a diarréia e as perturbações estomacais de que vinha sofrendo. Além disso, torna-se mais amável e mais tranqüila. A atração pelo barro provinha de um interesse pelos produtos da digestão. Não tendo sido satisfeito, deu-se o recalque: surgiu, em conseqüência, uma regressão às satisfações mais primitivas, representadas pelas perturbações digestivas.

A magia do lodo é passageira. Basta permitir esse brinquedo duas ou três vezes para satisfazer essa necessidade, máxime quando há certo risco na experiência. Enlambuzar-se na terra ou na lama provoca euforia tal que conduz à limpeza e à ordem de modo sadio e irreversível.

Fazer montes de areia satisfaz ao impulso da posse, assim como colecionar pedrinhas, conchas, seixos rolados. Acalma também a angústia tão comum na criança de perder aquilo que parece ser propriedade sua, exclusiva e definitiva.

Peneirar a terra, passá-la num passador, são modos de tocá-la, de sentir o seu contato. As famosas tortas de terra correspondem ao gosto de amassar que é, aliás, um instinto que perdura: até os adultos gostam de se divertir à mesa, fazendo bolinhas de miolo de pão!

Quanta construção na areia das praias! Castelos, fortalezas, túneis, casas, barracas, trincheiras, estradas. Encher forminhas de areia ou de terra é exercício que inicia no conhecimento das formas geométricas. Lidar com a pá, a cavadeira, o ancinho, é construir e, construindo, a criança se embriaga na ilusão de estar alcançando a eficiência do adulto! Ah! Se as praias e os campos pudessem contar as histórias das alegrias infantis! Ali se encontram não só possibilidades riquíssimas de experiências diretas, mas ainda a euforia do espaço livre, do céu aberto, da aragem do mar. Nas praias como nos parques, a criança toma contato com o "mundo maior". E o adulto igualmente se refaz da opressão do apartamento e da sala de trabalho, movendo-se em liberdade, brincando com a areia o contemplando, sem jamais se enfastiar, o movimento romântico e calmante das ondas. Ou ainda ouvindo, no seio dos nossos bosques, o trinado dos pássaros e o murmúrio do vento, enquanto revolve a terra e planta e colhe o fruto do seu labor.

A jardinagem corresponde a aspirações profundas. Com efeito, revolver a terra, semear, ver crescer, recoltar são fontes de alegrias contraditórias: satisfazem a um tempo desejos de conservação e de transformação, ambos reais e profundos. Além disso, capinar amortece singularmente o impulso destrutivo. É por volta dos oito anos que aparece o interesse pela terraplenagem, pelo transporte de terra em carrinho de mão, pela construção de estradas marginadas de pedras, pela árvore.

Finalmente, o trabalho da terra descansa do esforço intelectual; por isso, é usado tradicionalmente pelos monges votados ao estudo e à meditação.

O valor dessas atividades reside na rápida dominação da matéria. A criança amadurece e cresce mentalmente quando sente que é capaz de realizar formas as mais diversas e de alterá-las ao sabor da sua imaginação. Não tendo estrutura definida, a terra, como a água, satisfazem todos os caprichos da fantasia.

Tocando, apalpando e mexendo, a criança adquire a noção do volume. É amassando que ela descobre seu poder sobre a matéria. O movimento dos braços, das mãos e dos dedos, pouco a pouco, se submetem a um impulso íntimo. E aquilo que a palavra não logra exprimir se exterioriza por meio de produção, de formas, de "criações". Todavia, o interesse da criança por esses brinquedos só se manterá vivo se ela sentir perto dela a presença do adulto. Ela necessita de aprovação. É o estímulo que mantém sua alegria no brinquedo.

Assim como o desenho e a pintura, a modelagem é preparação para outras expressões manuais.

A água

A água é um símbolo de purificação e de renascimento: lava e vivifica. Trazemos por ela uma atração atávica dentro de nós. Em todos os países, o folclore dedica-lhe grande parte dos seus poemas e dos seus cantos; freqüentemente, personifica o mar, o rio, a fonte, a cascata. As sereias e a mãe d'água encarnam os seus perigos e a sua sedução.

Esse interesse profundo pela água deve ser satisfeito. Já o banho do bebê pode se tornar uma festa. Os bichos de celulóide, de cores vivas, boiando na banheirinha, associam à água imagens agradáveis. A curiosidade da criança é logo aguçada pelo mistério do objeto que não afunda. Cem vezes, ela mergulhará os bichinhos a fim de vê-los, com alegria, voltarem sozinhos à tona. Misteriosa descoberta que vai ter mais tarde sua explicação.

A criança que tem fobia pela água deve ser examinada e tratada; nunca se deve forçá-la brutalmente a aceitar a água como meio de divertimento. A fobia pode ter-se originado das primeiras experiências: banho excessivamente quente ou frio; posição que não oferecia segurança; sufocação por ocasião da lavagem do nariz; atmosfera de nervosismo na hora do banho. Às vezes, provém de recomendações angustiadas: "Cuidado com a água! Tem bicho dentro! Quanta criança já morreu afogada!" Outras vezes, são histórias aterradoras para obter prudência.

Para a cura das fobias, é preciso tato e paciência. Mostre-se claramente a linha divisória entre a prudência e a covardia. Estabeleça-se uma série progressiva de pequeninas aventuras: brincar na enxurrada, afundar os pés na lama, entrar debaixo do chuveiro de uma só vez, mergulhar na água da banheira com os olhos abertos etc. Antes de mais nada, trate-se de restabelecer a confiança na água e a simpatia por ela. Há uma infinidade de jogos que podem ser feitos para a reconquista gradativa desse interesse.

Kneipp desenvolveu toda uma teoria de higiene mental pela água. É fato que o banho frio como a natação desenvolvem singularmente a coragem, a serenidade e a alegria de viver. Dominar um elemento e vencer um temor é fonte de exaltação indizível. Hoje, felizmente, está se recorrendo novamente à água como meio de equilíbrio e de ajustamento.

A água fascina sobretudo a pequenina infância. Por volta dos dois anos e meio a água, como a terra, desvia do interesse pelo excremento. Brincar com água, porém, apavora os pais, que temem roupas molhadas e resfriados. Entretanto, essa atividade é extremamente importante não só para a satisfação do gosto pela sujeira, mas também para a segurança dos gestos e para a fixação do interesse. Em muitas instituições de crianças inadaptadas, considera-se a água, como a terra aliás, "atividade de fixação". Crianças traumatizadas, que não suportam o grupo, alheadas de tudo, deixam-se vencer pela água. Quando a descobrem, dá-se verdadeira explosão da euforia. Semanas a fio, podem passar horas esquecidas transvazando, regando, lavando, carregando vasilhas cheias, contemplando bichinhos de celulóide ou barcos a vela oscilarem, como num sonho, na superfície líquida que elas agitam. A única restrição a ser imposta nesse brinquedo é não espirrar a água nem molhar voluntariamente a si próprio ou o chão.

A princípio, ao transvazar, a criança nem se dá conta que a vasilha está cheia; é o gesto de derramar que a interessa. Às vezes, chega a comprimir a água com a mão e, vendo a inutilidade do seu esforço, esvazia o recipiente para tornar a enchê-lo. Só com o tempo aprende a avaliar o conteúdo.

A água pode representar o leite, o mar, a chuva. A água de uma torneira, caindo sobre uma panela emborcada, vira chuva ou cascata. Os repuxos fascinam, principalmente quando coloridos.

Certa criança, a quem os pais proibiam de brincar com a água, teve verdadeiro deslumbramento quando, na escola, a deixaram lavar os panos de pó. Seu semblante transformou-se; brilhavam seus olhos como se tivesse descoberto a mais sensacional das maravilhas. E enquanto olhava com delícia as mãozinhas molhadas, ia repetindo o que a mãe lhe dizia: "Você não toca mais na água! Não mexe com a água". E acrescentava com orgulho: — "Estou fazendo como mamãe"! Durante vários dias não quis outra ocupação. A experiência serviu para integrar a menina arredia no grupo do jardim de infância.

É de ver a fisionomia dos pequenos quando enchem um balde com um tubo de borracha ou com uma caneca de alumínio! Ou quando brincam com um revólver ou um lança perfume de água! A cerimônia do balde que é despojado no ralo é uma celebração. Lavar roupa numa bacia ou num ribeirão é folia que encanta. Mudar a água de um aquário é também ocasião de estatelamento. Para a maioria das crianças, a memória que mais perdura é a das atividades com a água.

Em determinados momentos, o brinquedo com a água representa um descanso. Relaxa os nervos. Para crianças agitadas é, via de regra, um exercício calmante. É como que uma diversão para reiniciar alguma atividade mais cansativa. Quando a necessidade da manipulação de água está satisfeita, a criança dela se desinteressa espontaneamente e passa a outra atividade.

> "O educador deve aproveitar a fase da atração da água para fazer descobrir princípios como sejam a propulsão (hélice, remo, vela, brinquedos movidos a vapor); a estabilidade (leme, bóia); o peso da água (jangada) a força hidráulica (moinhos, barragens, canais de irrigação)".

A criança é engenhosa: descobre meios de chegar aos fins idealizados reveladores de admirável lógica e de espírito inventivo poderoso! Todavia, embora produza realizações notáveis para sua idade, ainda conserva por muito tempo o desejo infantil de brincar com água, de dirigir um jato, por exemplo, sobre suas mãos, seus pés e mesmo sobre seu rosto! Quantos adolescentes, aliás, não gostam de ficar debaixo de goteiras que se transformam em cascatas em dias de chuva ou de mangueiras de regar plantas?

Em todos esses brinquedos a criança deve ser levada a sério. Que a intervenção do adulto seja antes para participar do que para ensinar. É a redescoberta que traz euforia. O adulto é o orientador: é presença antes de mais nada.

Felizmente a água, essa grande libertadora das fadigas e das depressões, impera hoje em nossos lazeres de adultos. Em nossa era "hidráulica", o ribeirão e o rio, a piscina e o mar foram conquistados. Elemento nivelador de classes sociais e de idades, a água é fonte de eliminação de preocupações por excelência. Nadar envolve outras atividades calmantes e sadias: caminhar, expor-se ao ar, ao sol e à chuva, brincar na areia. Além disso, empresta asas ao desejo de aventura e oferece um desafio à energia física. Por todos esses motivos, a natação se tomou a rainha dos esportes modernos.

Quanto mais cedo a criança for iniciada na natação, tanto melhor para ela, pois será esse um fator que a ajudará a vencer seus temores infantis. O impacto da água fria exalta a coragem. A pesca é outra fonte de alegrias indizíveis, calmantes e disciplinadoras.

O esqui aquático é, como o esqui e como o pára-quedismo, um "esporte de glória"! Exige grande decisão, destemor e resistência nervosa. Cria artificialmente uma angústia que vem aliviar o sofrimento do indivíduo angustiado. Empolga a imaginação e proporciona emoções profundas, capazes de fornecer euforia que age como bálsamo nas memórias amarguradas. O ballet aquático é esporte de requinte, de arte e de graça.

O fogo

O fogo é um elemento duplamente sensorial: produz luz e calor. Eis por que atua fortemente sobre os sentidos e a imaginação da criança. Nessa atração há também certo temor supersticioso pelo mistério que encobre. E isso ainda torna esse elemento mais prestigioso.

A criança gosta das cores vivas e brilhantes. A luz permite a fixação de imagens conscientes e inconscientes. Ainda no berço, o olhar já se dirige com alegria para o foco de luz. Quanto deslumbramento diante do fósforo que se acende! Que tentação para o bebê que começa a andar não é a chama do fogão! A fogueira de São João conserva também sua magia através de todas as idades. E os defumadores, latas cheias de brasas queimando folhas de eucalipto, os fogõezinhos a lenha construídos com tijolos e latas velhas, os turíbulos, cuja fumaça alimenta o sonho, atravessam os tempos sem perder o seu encanto! Os fogos de artifício com suas explosões fazem também explodir a felicidade infantil.

Nos Jardins de Infância é freqüente permitir-se a duas, três crianças de cada vez participar da confecção da merenda. Acender e apagar o fogo para esquentar leite e fazer mingau são ocupações sempre disputadas.

O escotismo explora admiravelmente o gosto do menino pelos elementos de base em geral e pelo fogo em particular. Permite a fogueira como jogo sistemático e exige até a arte de acendê-la com um só fósforo. No seu programa figura a cozinha na sua forma mais elementar. E o "fogo do conselho" marca o tempo forte, de ação profundamente educativa, da vida escoteira.

Em algumas instituições de crianças todos esses sonhos de vida primitiva são realizados. É nesses "estágios nômades" que a criança melhor aprende a cultivar o gosto pelo trabalho bem feito, a criar obras originais, a respeitar as realizações dos companheiros, apurar o senso da organização, da ordem e da limpeza. A "técnica dos Robinson" está sendo empregada com êxito, principalmente rom a infância desadaptada. É de ver as construções engenhosas que fazem as crianças nos terrenos baldios que lhes são entregues para os seus folguedos, na Alemanha.

O braseiro contém um elemento afetivo precioso. Permite o sonho à criança e ao adolescente. Quem não sentiu o poder misterioso de uma lareira crepitante de intensificar o espírito de família e de estreitar os laços da amizade? Nos desenhos de criança, há, quase sempre, na representação da casa, uma chaminé e muita fumaça. Símbolo da vida de família? Pelo menos preocupação com fogo.

Como a água, o fogo tem um simbolismo religioso: a chama fala, reza, adora, ilumina, aquece, purifica. A lamparina junto do tabernáculo e as velas acesas são homenagens prestigiosas de adoração. A criança nunca se cansa de observar o bruxulear de uma chama. O tema da luz conduz facilmente à compreensão da missão de Cristo na terra.

A transposição desse interesse pelo fogo vai suscitar, na adolescência, a curiosidade pela eletricidade, pelo rádio, pelo telefone, pelo magnetismo. Aliás, os cursos de rádio e de eletricidade por correspondência estão constituindo excelente atividade de lazer: são uma iniciação perfeita ao trabalho pessoal e à arte de saber organizar pesquisas interessantes para ocupar utilmente as horas livres.

O ar

Muito embora seja o ar o elemento de base mais vital, é ele menos tangível, pois que se revela pelo vento. Todavia, a saúde e a alegria de viver dependem muito do ar puro, seco e fresco. Já vem de longe o desejo de o homem dominar também esse elemento. A idéia de reproduzir as asas do pássaro para erguer o homem até aos ares é muito antiga. Hoje em dia o avião é, talvez, o instrumento que melhor represente as possibilidades do gênio inventivo.

A criança exalta-se com a bola de borracha que ela enche de ar. Devora-a com os olhos. Salta, aplaude, trepa nas cadeiras para poder apanhá-la. O balão desperta nela secreto despeito de não poder se erguer acima do solo. Sua ardente aspiração de autonomia esbarra aí com uma limitação irritante, mas sempre fascinante.

As bolhas de sabão são mais pacificadoras, pois representam uma criação pessoal. Ensejam elas a curiosidade científica: por que sobem mais ligeiras as bolhas quando sopramos nas mãos e esquentamos assim o ar? Ou que nos colocamos junto de um braseiro ou de uma corrente de ar quente? Semelhantes observações despertam o amor ao estudo das leis físicas; trazem os olhos abertos e o espírito alerta face aos fenômenos inexplicáveis.

No domínio dos balões de São João como no dos "papagaios" ou "pipas" são inúmeros os modernos aperfeiçoamentos. Sua confecção constitui hoje uma escola de precisão. O catavento é também alimento rico de sonhos para a imaginação infantil.

As flechas aerodinâmicas e os aviões de papel incitam a procurar as correntes de ar ascendentes. As folhas secas que planam nos ares e custam a cair, a flor denominada "amor de homem" que, ao menor sopro, se espalha e é levada pelo vento, as ondas sonoras trazidas ou levadas pela brisa são motivos para surpresa e meditação.

E afinal os pára-quedas, como o avião, representam para o adolescente a cúpula da sua autonomia! São símbolos da libertação da tutela familiar. A aviação e o pára-quedismo vieram possibilitar aos temperamentos sequiosos de aventura uma válvula de escapamento extremamente satisfatória, pois ambos levam a coragem humana aos limites extremos de suas possibilidades.

Bem aproveitados, os elementos de base fornecem oportunidades únicas para experiências diretas de jogo e de aprendizagem. Satisfazem a um sem número de disposições intensas, mas passageiras. Muitas dessas disposições não voltam nunca mais. Se tivessem sido exploradas em tempo oportuno, teriam enriquecido de modo definitivo a personalidade. Além do mais, o impulso não satisfeito é memória ressentida ou, pelo menos, peso-morto que se carrega através da vida.

Eis por que nunca é demais repetir que uma infância alegre, cheia de atividades adequadas, é uma garantia para a felicidade da vida de adulto. A razão desse conceito está exatamente na observação daquela lei que domina hoje a psicopedagogia: "Favorecer as possibilidades de desenvolvimento segundo as disposições do momento."

O contato com a natureza e a formação do senso poético

A criança criada no campo usufrui grande vantagem sobre a criança da cidade. É levada, pelas oportunidades que tem de observar e de experimentar, de explorar e de descobrir, de admirar e de sonhar, a integrar-se na natureza. O contato dos seus pés descalços com a terra ou com a água, de suas mãozinhas ávidas com tudo quanto vê, dos seus olhos com o céu aberto, abre-lhe o caminho para as alegrias simples e fortes. Gera amizade às coisas que a rodeiam, radicando-a ao seu meio. Dizia Vítor Hugo que um dos seus grandes mestres foi o quintal de sua casa.

É dos três aos nove anos que mais se acentua essa exigência profunda de contato com a natureza. A mãe que se extasia diante de uma rosa ou de um pôr do sol, estreitando ao peito seu filho pequenino para comunicar-lhe sua emoção, lhe infunde o sentido das maravilhas naturais. Que riqueza a do pequeno camponês que sente transportes íntimos quando depara com uma bela paisagem, com um beija-flor ou com um laranjal florido! E, ao contrário, quanta pobreza de sensibilidade nos jovens citadinos escravizados pelo esporte, pela tela, pela técnica moderna comercializada.

Apreciar a natureza é hábito que se adquire principalmente pela imitação. Lembro-me da exaltação com que minha avó manifestava seu entusiasmo pelos lagos e montanhas da Suíça ou pela praia de Copacabana. Era tomada às vezes de verdadeira embriaguez contagiante. Acordava os netos no meio da noite para ver estrelas ou luar excepcional e, quando na Europa, ouvir o canto do rouxinol. Tratava bichos e plantas com um carinho cheio de delicadezas. Era apologista do banho do sol. Conhecia mil detalhes a respeito da vida dos animais. O jardim era para ela um lugar sagrado. Considerava-o como os psicólogos o fazem hoje, símbolo de paz e de felicidade, símbolo mesmo da salvação, a exemplo do éden que era "o jardim das Frutas". Não dispensava no quarto dos netos vasos do plantas ou de flores; e dava-lhes por companheiro um cachorrinho que os iniciava na arte da bondade e do carinho.

Fizera um forno de assar pão no fundo do jardim para manter tradição pitoresca de sua mocidade. Nos "dias de biscoito" o lanche era feito debaixo de uma mangueira, à beira da mesa tosca, toda ornamentada de folhagens. Ah! os risos e as histórias que acompanhavam as alegrias das fornadas dos sequilhos saboreados no meio do arvoredo com uma euforia sem igual! São essas recordações que iluminam a alma para o resto da vida. E que levam a encontrar na natureza consolo para a solidão inevitável do trajeto terreno.

O amor à natureza desenvolve o senso poético. Há certos espetáculos que impressionam os sentidos e geram a necessidade de expressão, o desejo de cantar, de escrever, de pintar: essa uma das grandes fontes inspiradoras dos artistas. O trato com a natureza cultiva o ser interior e afina os sentimentos; é elemento pacificador dos conflitos; empolga salutarmente a imaginação.

> "Nossa cultura, super-nutrida, encontra na vida do campo clima favorável à redução, às suas justas proporções, das extravagâncias geradas pelo sensacionalismo da técnica moderna".

V – OS MEIOS DE EXPRESSÃO

O conceito dos meios de expressão

A verdadeira missão do educador é favorecer o desenvolvimento das forças criadoras e não tanto fornecer noções já elaboradas. Sua tarefa principal deve ser a de criar oportunidades para a descoberta dessas noções, quer dizer, de firmar o primado do vivido sobre o do aprendido.

Dentre essas noções, a mais importante é a participação construtiva na vida coletiva, isto é, o treino satisfatório do mecanismo afirmação-adaptação, essencial ao desenvolvimento.

É preciso, pois, ao lado da escola que desenvolve principalmente o "intelecto", organizar em casa ambientes de criação livre. O trabalho nesses ambientes não visa somente ao desenvolvimento sensorial e motor, do senso social e do caráter. Predispõe também à aprendizagem intelectual, possibilita a formação afetiva e a elevação espiritual. É a atmosfera tônica que permite a experimentação do controle subconsciente e a liquidação de problemas latentes. "A menor produção de uma experiência íntima, diz Cizek, vale mais que a mais inteligente das cópias". A criança exprime às vezes esse valor, dizendo: "O que é novo (no sentido de original) é que é bom!"

É nesse sentido que devemos entender a palavra experiência, modo novo de fazer uma coisa, ou contato primeiro com material inexplorado.

Vejam-se as mãozinhas que pegam no pincel pela primeira vez. Delícia da experiência tátil, do gesto manipulador; deslumbramento dos olhos que vêem surgir mundos inéditos, ímpeto da imaginação despertada para a descoberta. Essa atitude de esforço e de prazer é que permite a criação, a dominação da matéria.

A cada vez que se repete a experiência, mais livremente se expressa a realidade interior. Essa dinâmica das aproximações na tradução do sentimento mais íntimo, exige riqueza de oportunidades, situações favoráveis à eclosão criadora, estímulos oportunos. "Experiência não é o que acontece ao indivíduo: é aquilo que o indivíduo faz com o que lhe acontece."

O trabalho de criação evolui até chegar à criação artística, literária, musical, dramática, coreográfica, plástica e cria o "apetite estético". Esse apetite estético é a necessidade de expressão.

> "A criança tem uma necessidade essencial, vital de exprimir-se, pelo jogo evidentemente, mas também por todas as criações manuais, corporais, vocais. Ao desenhar, pintar, saltar ou cantar, ela está satisfazendo a uma necessidade tão fundamental quanto a de comer, respirar e dormir. Exprimindo-se, a criança descobre e explora suas possibilidades, progride, encontra outras virtualidades, afirma-se e, assim, constrói sua personalidade."

Qualquer que seja, aliás, sua idade, o indivíduo sente constantemente necessidade de se exprimir, quer para entrar em comunicação com os outros, quer para lhes chamar a atenção e adquirir assim valor social, quer para exteriorizar o que vai dentro dele, quer para sublimar seus impulsos.

A alegria da expressão é mais profunda ainda que a própria alegria da existência. Exprimindo-se, o indivíduo marca o seu lugar no grupo social. Quanto mais forte e mais bela a expressão, maior será o sentimento de segurança. Daí a importância não só da riqueza de oportunidades de expressão como também do incentivo e da aprovação da mesma.

Todo meio de expressão requer aprendizagem e tende ao aperfeiçoamento. O gesto, a linguagem falada e escrita são os primeiros instrumentos de comunicação.

Todavia, o que se denomina hoje especialmente meios de expressão são aqueles processos que, melhor que a palavra, traduzem os sentimentos íntimos. As artes plásticas, picturais e musicais, a dança, o ritmo, a dramatização, eis os processos que, em graus diversos, despertam, cultivam e requintam a exteriorização da realidade interior. Essas técnicas, que não devem ser ensinadas isoladamente e sim interrelacionadas, desenvolvem hábitos de perseverança, de minuciosidade, de recolhimento. São fatores de auto-afirmação e, por conseguinte, elementos preciosos de ajustamento. A psicoterapia emprega-os para liberar personalidades reprimidas, instáveis e traumatizadas.

Não é nem a técnica evoluída nem tão pouco a beleza da realização que empresta ao meio de expressão o seu valor. O que importa é sua capacidade de adaptar-se às possibilidades da criança, traduzindo diretamente a inspiração interior sem perigo de trair-lhe as intenções. Importa também e muito sua oportunidade: assim, obrigar a desenhar quando a criança deseja pintar é impedir a exteriorização de uma realidade interior.

Os meios de expressão devem estar presentes na vida escolar: devem estar entrelaçados com as atividades infantis. Eis por que a Escolinha de Arte é instituição que deveria suplementar o Jardim de Infância, a escola primária e secundária.

O desenho e a pintura

A educação artística deve ser, antes de mais nada, o estímulo e a orientação da espontaneidade estética e da capacidade de criação. Não pode se contentar com a transmissão pelo professor e a aceitação passiva pelos alunos de idéias já elaboradas. A beleza, como aliás a verdade, só tem valor de vida quando recriada pelo indivíduo. A arte é meio de ação poderoso exatamente porque atua sobre o espírito do homem, passando pelo seu coração.

O desenho, como a pintura, é projeção do conceito que o indivíduo faz da sua própria existência e da existência dos outros. Assim, por exemplo: a representação que a menina faz dos meninos é pouco elaborada; não apresenta tanto detalhe quanto os desenhos que ela faz de meninas; nem mesmo ela se interessa em colori-los como o faz com muito gosto quando se trata de meninas. É que sua concepção do menino não evoluiu com a mesma rapidez que a da menina.

Na criança, o tema do desenho espontâneo vem sempre acompanhado de valores afetivos. Eis por que psicólogos e educadores se utilizam tão freqüentemente desse meio para testar a personalidade. Com efeito, o desenho faz parte da linguagem infantil. Quando a criança traça seus bonecos, sempre o mesmo aliás, é, via de regra, seu próprio corpo que ela reproduz. Os adultos que a rodeiam, vestidos e calçados, não a impressionam senão depois de uma certa idade.

O conflito emocional altera as possibilidades expressivas. José, menino de seis anos, não coloca braços nos seus bonecos, não porque não saiba faze-los, mas porque o boneco representa para ele, no momento, o irmão mais novo, cujos bracinhos estão sempre erguidos para a mãe, despertando nele ciúme alucinante.

A criança infeliz fará bonecos que choram; a que sofre da vista, desenhará olhos imensos; a que rouba esconde as mãos ou as suprime. A criança inibida trava seus desenhos: estradas com cerca, riscos cruzados, bonecos encurralados, guardas impedindo a passagem de carros, casas trancadas, sem entrada. A filha única pinta freqüentemente irmandades de meninas junto à casa, e exclama: "Ainda há mais lá dentro, uma porção." A criança de quem se exige muita limpeza pode vingar-se borrando seus trabalhos. O pequeno agressivo faz seus traços profundos, muito marcados.

Particularmente indicativos de realidades interiores são os "desenhos da família". Certa pequena de seis anos, cujo pai maltratava a esposa porque se apaixonara por outra mulher, teve uma regressão impressionante de comportamento: entrou a falar como bebezinho, pedia mamadeira, chorava o dia todo. O desenho da família representou nesse momento a seguinte cena: colocou-se entre os avós maternos, dando-lhes a mão de cada lado. Representavam eles seus protetores, na crise que atravessava. Depois vinha a mãe, minúscula, e o pai gigantesco e mal desenhado. Três meses mais tarde, melhorando a atitude do pai em casa, o desenho tomou outro aspecto: a menina passou a figurar no meio dos pais, vindo os avós logo a seguir. Mais alguns meses, e a menina volta a receber o carinho paterno. No desenho, ocupa ela agora, como o fazia antes da tragédia, o primeiro lugar, em tamanho igual ao da mãe e vestida da mesma forma, com saia e blusa lindamente coloridas; o pai diminui em tamanho, vem em último lugar, mal desenhado e sem colorido. Voltou este à posição da segunda ordem que sempre ocupara em casa.

Alfredo, de nove anos de idade, estava sendo criado pela tia. Sua mãe, viúva e muito pobre, teve de separar-se dele para trabalhar. Ao pedir-lhe o terapeuta que desenhasse a família, hesitou um pouco. Depois, fez a família adotiva, colocando-se só, na parte inferior da página. Instado para que acrescentasse a mãe, recusou-se terminantemente a fazê-lo. O ressentimento era tão grande que a mão se negava a representar o objeto de sua mágoa. O isolamento em que se colocou revelou o conceito que fazia da sua situação no mundo.

De modo geral, o desenho e a pintura revelam grau de inteligência e nível mental.

A partir da idade de cinco meses até os dois anos, o bebê rabisca; traços esparsos, descontínuos, linhas arredondadas. A rabiscação é atividade que dá imensa alegria. Mas, como o lápis é um instrumento pobre, há vantagem em substituí-lo, assim que possível, por varetas de madeira apontadas ou por penas de pato molhadas em tinta. O pulso fica assim mais livre e mais fáceis serão os movimentos.

A larga movimentação dos braços antes da prática do desenho é aconselhável para auxiliar a coordenação motora. A criança deve poder desenhar na posição que lhe convier; deitada no chão, em pé diante de um quadro, sentada à mesa ou junto a um cavalete.

Dos dois anos e meio em diante, surge a intenção expressiva e a garatuja. O grafismo determina conscientemente representar alguma coisa, realizar um projeto. O desenho adquire então identidade. "Minha bola", dirá o pequeno, ao desenhar uma linha arredondada. A rabiscação não desaparece de todo; porém, não é mais confundida com o verdadeiro desenho. A criança reproduz o interior tanto quanto o exterior: ela tem certeza de que o adulto compreende suas intenções.

Aos três anos surge um elemento importante: a imitação, de si próprio ou dos outros. Os esquemas são então ou modificados ou fixados. E assim se constitui a técnica do grafismo. É por volta dos três anos e meio que a criança aborda o tema universal do boneco. Suas diferentes partes aparecem gradativamente, acusando as diversas etapas do desenvolvimento mental. Primeiro vem a cabeça, pois as experiências mais fortes são as da boca, dos olhos e dos ouvidos. Depois, vêm as pernas, que serviram para engatinhar e andar. Em seguida, os braços. Os dedos e o tronco já correspondem às idades de quatro e cinco anos. O aparecimento de vestimenta depende da experiência do pequeno. Os botões surgem quando ele já sabe abotoar e desabotoar sua roupa.

Aos quatro anos acentua-se a tendência para a imitação: há uma preocupação de reproduzir modelos. A criança pede constantemente que desenhem para que ela copie. O adulto pode satisfazer o pedido, contanto que inutilize logo o que executou. A tendência à imitação não deve ser encorajada, pois viria limitar a confiança no poder de criação; pela mesma razão deve ser evitado o traçado de contornos para serem preenchidos.

Com cinco para seis anos, a criança já sabe desenhar. Volta a ter independência. Aos esquemas próprios, juntam-se aqueles que vêm da imitação. Ambos, porém, vão servir à expressão livre. Predomina nessa idade o esquematismo ou o simbolismo: o mesmo símbolo é repetido, independentemente, com os mesmos traços e até mesmo em idêntica posição.

Dos seis anos aos oito, surge o período áureo do realismo. O desenho já representa só o que se vê, como sejam os dois pés de uma mesa, ao invés de quatro. A noção de espaço, porém, é adquirida somente por volta dos doze anos. Mas, a par desse progresso real, decresce infelizmente a espontaneidade à medida que aumenta a preocupação da técnica. Cumpre ao professor encontrar um meio de orientar o desenho sem, todavia, causar inibição.

A pintura a dedo (*finger painting*), com o polegar, com a palma da mão, o antebraço, feita com massa de grude ou polvilho, colorida com anilina ou guache, sobre papel pardo de embrulho ou outro, convém muito aos principiantes. É barata, não escorre e produz efeitos sensacionais. É técnica privilegiada porque atinge a resultados artísticos com um mínimo de talento e de experiência. É indicada especialmente para crianças que têm dificuldades motoras, que sofrem de tensão emocional ou que necessitam de terapia. Quando feito com música bem ritmada, produz efeitos maravilhosos, tanto no papel quanto na alma dos pequeninos artistas!

Há crianças que repelem esse gênero de pintura, porque não querem se sujar. Porém, após algumas experiências, entusiasmam-se por ela. Aliás, essa atividade implica em exercícios concomitantes de limpeza e de habilidade extremamente preciosos: dosar a massa para não empastar o papel; lavar as mãos até tirar todo grude; limpar a mesa com pano molhado aberto e enxugá-la até ficar impecável; proteger o avental contra as manchas; não tocar em nada enquanto as mãos estiverem sujas.

A pintura a dedo satisfaz a um tempo a necessidade de se sujar e de restabelecer ordem e limpeza. Inspira, pois, atividades importantes. Mas, acima de tudo, seu valor reside na sua contribuição eficaz para o desenvolvimento artístico.

A atmosfera do trabalho criador deve ser de calma, de respeito, de discreta vigilância. Se a criança estraga seu desenho, se rabisca em sua irritação, quando não consegue representar o que quer, a atitude do mestre deve ser a da serenidade. A criança precisa ser informada de que tem o direito de errar, de manchar, de estragar seu trabalho, contanto que não faça o mesmo com o do vizinho.

Devem ser proscritas a régua e a borracha. Ambos destroem a confiança em si. A borracha aniquila a audácia. Cria o complexo do erro. O papel sofre; é furado às vezes, trazendo enervamento. Se houver engano, outra folha pode ser fornecida. Recomeçar o trabalho é mais construtivo em desenho que emendar o mal feito. Toda produção deve trazer a assinatura do autor. Pode ser conservada pelo mestre ou pelos pais, contanto que lhe sejam dispensados cuidado e carinho.

O desenho e a pintura da criança são feitos tanto para seu próprio prazer quanto para o prazer dos outros. O pequeno desenha para ser aceito, para estabelecer um regime de troca, isto é, para obter atenção, elogio, aprovação. Uma censura ao seu trabalho pode estancar a fonte de inspiração. Quantas crianças, quando criticadas, declaram que não sabem mais desenhar e se recusam a prosseguir nas suas criações!

Para obter progresso, o professor pode, diante de um trabalho, fazer as seguintes reflexões, em tom diferente, desapegado: "Como será que esse menino vai ouvir? Engraçado! Essa menina não vai poder abotoar o casaco! Nesse mar, não há nada dentro? Veja só! não poderei entrar nessa casa. Esse cachorrinho só tem três patas! Como é que esse pequeno vai poder andar?" Essas perguntas e mais as clássicas onde?, como?, quando?, podem levar a criança a completar seus desenhos. Às vezes, entretanto, ela declara peremptoriamente: "Não quero botar peixe nesse mar. É assim mesmo que ele é".

O professor pode ir ainda mais longe. Pode propor à criança exultante com o trabalho que acaba de fazer, no momento em que o exibe com orgulho, um trabalho ainda melhor. No estado de euforia e de confiança em si, é fácil aceitar um convite para melhores realizações. Tudo parece possível nesses momentos preciosos!

Quando o menino se eterniza no mesmo tema, pode-se sugerir novos interesses, mas sempre dentro da maior discrição. Se é um trem que o fascina, pode-se perguntar: "Para onde vai esse trem? Não vejo o maquinista. Como está ele vestido? Você está viajando nesse trem? Que janela é a sua? Quem é que está ao seu lado? Em que estação está parado esse trem? O chefe da estação já é velho?" etc. Relembrando assim experiências, pode dar-se a identificação da criança com essas experiências, formando imagens mentais bastante fortes para requererem uma tradução gráfica. Outro meio aconselhável é experimentar atividade diferente para incentivar a primeira. Em muitos casos, o pequeno que faz um trabalho de gesso com aparência de cerâmica ou de simples modelagem, volta depois ao desenho ou à pintura cheio de idéias novas. Adquiriu confiança em si e experimentou uma sensação de segurança desinibidora. Assim, um menino de oito anos que só conseguia fazer traços ovóides com o pincel, passou a compor temas interessantes, depois de produzir um trabalhinho de gesso, com aparência de cerâmica.

A riqueza da pintura, como do desenho, reside na sua fantasia. O desprezo da realidade, as deformações, os exageros, as estilizações são índices de vigor da imaginação. Mas se a criança se mostra imbuída da idéia de "copiar modelos", cumpre libertá-la dessa tendência, dando-lhe o gosto do pessoal, do espontâneo, do inventado. Basta para tal o silêncio do professor sobre as produções decalcadas ou influenciadas, enquanto as outras, as espontâneas, merecem o interesse e a aprovação.

Curioso notar que o grafismo, antes da idade de seis anos, é o mesmo em toda parte do mundo. As exposições de pintura e de desenhos de crianças revelaram a constância da expressão: ser humano, casa, animal, sol, árvores, seres fantásticos. Essa unidade profunda não se verifica só nos temas: revela-se sobretudo na maneira de executar a matéria. "Arte infantil é uma só, pelo seu estilo e pela sua visão ingênua do mundo." É exatamente esse caráter de universalidade que revolucionou a pedagogia do desenho e da pintura, garantindo-se à criança, hoje em dia, liberdade de criação e de execução.

A criança desenha aquilo que sente, receios ou desejos, o que ela gosta ou desgosta, aquilo que a impressiona. Suas produções são como que um desabafo, uma confidência, uma tradução direta do seu psiquismo. Essa expansão traz-lhe imenso alívio. Acrescente-se a esse prazer a expectativa do causar admiração e surpresa, e, mais ainda, a satisfação do impulso criador e artístico, e compreenderemos facilmente a alegria que invade o pequeno quando pinta ou quando desenha.

Qualquer interpretação que não corresponde à concepção do "artista de calças curtas" pode decepcioná-lo profundamente. Certa vez, uma estagiária inexperiente disse a um menino desajustado: "Que bonito seu cabritinho!" "Não é um cabritinho", resmungou o pequeno. Desenhou, então, três vezes um boneco e apagou-o com raiva... Nunca mais voltou à Escolinha de Arte.

Há uma pergunta que nunca se deve fazer: "Que é que você quis desenhar?" Mas, há uma frase encorajadora que determina quase sempre a revelação das intenções infantis: "Conte-me a história dessa pintura".

Aliás, a interpretação de trabalhos infantis não pode ser feita em abstrato. Só quando recolocados no seu contexto têm eles significação plena. Importa saber quais as situações de família que o inspiraram, bem como observar o modo por que foram realizados. Muitas vezes, vi crianças instáveis pintarem calmamente durante cerca de meia hora. Subitamente, o demônio da agitação delas se apoderava. Num instante, estragavam seu trabalho. Depois, um pouco tristes, diziam algumas: "Não fiz nada de bom". É evidente que houve irrupção interior ou de fadiga ou de insatisfação, ou da lembrança das convenções ou de memórias dolorosas; ou então, funcionou simplesmente o impulso destruidor que com o desejo de realização. Por isso, não deve ser censurada essa atitude.

A interpretação das pinturas e desenhos de crianças deve ser feita com muita cautela. A repetição do mesmo motivo será riqueza de imaginação de quem quer esgotar a possibilidade de um assunto? Será, ao contrário, aridez que não encontra outras formas para se exprimir? O que é certo, entretanto, é que a repetição da mesma impressão geral de paz ou de solidão, de alegria ou de melancolia denota a tendência da personalidade.

Sabe-se, é verdade, que os deprimidos escolhem efeitos e cores sombrias, ao passo que as personalidades alegres preferem as cores claras. O mesmo adolescente mentalmente perturbado que, pela manhã, escolhe temas pacatos e cores luminosas apresentará, à tarde, quando já agitado, temas agressivos e cores carregadas. Os desenhos quadrados, da figura do pai, sólidos e exagerados em tamanho, contrastam não raro com o desenho minúsculo da mãe, todo mimoso e cuidado. O volume e o detalhe são indicativos do valor atribuído ao objeto representado.

Todo desenho se caracteriza pela cor, pela linha, pela forma e pela sua situação na folha de papel.

> "A cor é a expressão da intensidade e do grau da vida afetiva. Os meninos impulsivos e as meninas mostram maior interesse pela cor. Quando em crise emocional, uns e outros pintam massas coloridas preferentemente a linhas e a formas.

> É opinião corrente que, de modo geral, as cores quentes significam espontaneidade no comportamento, boa adaptação ao grupo; ao passo que as cores neutras são índice de interiorização, de independência e de agressividade para com os adultos.
>
> A linha e a forma denotam a possibilidade de controle da criança e da direção desse controle.
>
> A situação do desenho na folha do papel denota a posição em que a criança se coloca face ao mundo exterior, bem como em relação do seu mundo interior".

Alice, 8 anos, tem pavor ao pai. Pinta o enorme, ao lado direito da folha, com cabelos eriçados, mão enorme, língua de fora. É que o pai costuma gritar, esbofetear e se despentear quando se encoleriza. Na outra extremidade, embaixo, figura o resto da família, minúscula, toda agarradinha, como se tremesse ante o "Papão".

O que mais importa, em suma, é a maneira pela qual a criança se exprime. O modo natural ou contraído com que segura e maneja o pincel. A quantidade, a escolha das tintas que emprega. A distribuição desordenada ou disciplinada das pinceladas. A repartição dos espaços. São esses os elementos que determinam o estilo da pintura.

A pintura apresenta certa seriação. Quando passa de um estilo a outro, sem transição, é que houve choque, como, por exemplo, o aparecimento de um irmãozinho. É através dessa seriação que se pode deduzir a direção e a intensidade da evolução da personalidade. Certas moças, submetidas a treinamento intensivo de disciplina corporal, apresentaram, em um mês, progresso notável de organização em suas pinturas: partiram do caos para uma ordenação impressionante de elementos e uma riquíssima criação.

O psicanalista serve-se muito do desenho e da pintura, como aliás da história e das marionetes, para suas observações, porque essas atividades são mais representativas. Os tímidos ocupam pequenos espaços. Os agressivos espalham-se e ocupam a folha inteira. O emprego de cores numerosas significa possibilidade e desejo de se dirigir para o mundo exterior. O lado direito dos desenhos é o lado do futuro, do contato com os outros.

Mas, nem toda representação simboliza tendências ocultas. Como a radiografia se complementa com o exame do paciente, o desenho e a pintura não podem ser analisados isoladamente; cumpre acrescentar-lhes a observação do comportamento da criança e de sua situação no seio da família.

A iniciação na pintura pode começar pela pintura cega ou de olhos fechados, a qual reserva surpresas encorajadoras. Essa pintura é chamada de *primeiro grau*. Virá, em seguida, a garatuja para a descoberta das cores. Fazem-se traços; caso esbocem alguma representação, são eles completados e coloridos. Paralelamente, deve ser feita uma coleta de elementos decorativos da natureza, a fim de atrair a atenção para as cores e as formas e despertar a apreciação do belo. Como exercício de aplicação, podem as crianças decorar a sala de aula, a casa, seu quarto ou o atelier de pintura. Todavia, o professor deve externar seu interesse mais pelas cores obtidas e não tanto pelas formas; assim, levará a criança a exprimir um estado de alma. A preocupação da forma é sempre inibidora nos períodos de iniciação.

Certa vez, passeando num parque na Suíça, entrei a conversar com crianças que brincavam com folhas de outono. Contei-lhes uma história. E logo, para mostrar gratidão, os pequenos puseram-se a escolher as folhas mais lindas para ornamentar o meu quarto. Com que riqueza de expressão me descreviam a superioridade desta ou daquela folha. Verdadeiras composições literárias! Uma menina de cinco anos assim se expressou:

> "Todos os dias eu mudo o ramalhete que levo daqui: um dia, é combinação dos vários tons de amarelo; outro dia, escolho cores todas diferentes. Mas, sempre fica uma beleza! Parece uma floresta de outono! Parece que o parque está dentro da sala!"

Como se vê, nenhuma preocupação com a forma das folhas. A exemplo da expressão oral ou escrita, a pintura e o desenho devem basear-se na observação da natureza. Saber ver é uma grande arte. A visão é o primeiro passo para a educação do senso estético.

A valorização das produções de pintura e de desenho é o estímulo que leva à criação. Daí a importância das exposições. A organização de uma exposição deve ser feita por meninos e meninas, se possível, pois eles têm gostos diferentes. Os trabalhos devem ser emoldurados, colocados em lugares que os realcem, contrastando com os que se acham em volta. A exposição deve ter caráter festivo para que fique associada na memória das crianças, a sensação de júbilo e de aprovação da parte dos adultos. À própria criança cabe escolher o seu melhor trabalho para a exposição mensal.

O material do trabalho espontâneo deve ser de primeira qualidade e mantido sempre em ótimas condições. O lápis-cera, em cores, convém muito aos pequeninos que ainda não podem abordar a pintura. Mas, o desenho com lápis-cera é apenas atividade preparatória para a pintura. A pintura deve ser feita diretamente sem auxílio do desenho. Destarte, podem ser traçadas linhas amplas, as quais servem de quadro para os detalhes que vêm a seguir. Esse método favorece a concepção sintética das coisas.

No atelier o desenho deve vir depois da pintura. Serve como um instrumento de observação. Registra detalhes que vão ser transcritos posteriormente nas obras da imaginação. O passeio para observar a natureza, a visita a museus para estudar formas, linhas e cores, trazem idéias preciosas para a pintura. Todavia, a técnica do desenho evolui rapidamente. E breve ele também virá a ser um meio de expressão. Quanto sentimento, às vezes, num auto-retrato desenhado à frente do espelho ou num retrato de companheiro que posa a sério!

Segundo Arno Stern, a criança que freqüenta um atelier de pintura passa por fases distintas.

Primeiro, há um momento de adaptação. Uns entusiasmam-se logo. Outros tornam-se negativos: opõem-se ao trabalho. A criança de personalidade mais forte adapta-se mais depressa, ao passo que o fraco se isola, empreende muita coisa e pouco realiza. escolhe temas complicados e não sabe desenvolvê-los. Este é o período da "cura da eliminação do formalismo".

Vem, em seguida, a fase do estilo impessoal. Momento importante em que há uma evolução quase sempre inconsciente no sentido da eclosão da capacidade criadora. Nem sempre a criança se mostra satisfeita com o que faz. Cumpre então encorajá-la de modo todo especial e levá-la a outras técnicas que possam satisfazê-la.

Finalmente, chega o momento da independência e do estilo pessoal. Estabelece-se a confiança em si. Os projetos são levados a bom término. O trabalho se faz com o maior entusiasmo. Essa a fase da educação artística. Mesmo que a criança venha a se desinteressar depois da pintura, por efeito da saturação, o gosto adquirido perdura. E, já adulto, a apreciação da pintura lhe será fonte de expansão, "instrumento de harmonia interior", porque corresponde àquele apetite estético que nunca poderá ser inteiramente estancado.

Acompanhei várias turmas na sua iniciação na pintura espontânea. O comportamento é sempre o mesmo, sobretudo na maneira de executar a matéria.

Quando se põe à disposição da criança as cores fundamentais (azul, vermelho, verde, amarelo) e mais o preto e o branco, ela passa primeiro pela fase da rabiscação. Mistura todas as cores no mesmo pontinho e enche a folha com traços. O que interessa é o gesto da pintura e a descoberta das cores. Pouco a pouco, aparecem linhas paralelas ou circulares ou em espiral e manchas. Vem, então, a descoberta das possibilidades técnicas: o verde, que se obtém misturando a azul com a amarela, o branco que ilumina, o preto que escurece...

Uma vez acalmado o deslumbramento que provoca o colorido, entra a criança a dar significação ao seu traçado: lá vem a casa, que pode representar o próprio corpo; o sol, que pode representar o pai; a árvore, o boneco, o mar, o navio, o trem etc. Depois, surge o interesse pelo trabalho limpo: um pontinho para cada cor; limpeza do pincel a cada mudança de cor; ou então, um pincel para cada cor.

Finalmente, chega o pequeno a relacionar os elementos para formar uma síntese, um conjunto, uma unidade. Essa capacidade de integração revela maturidade para a aprendizagem escolar: a criança já possui um fim quando se entrega à atividade. Esse fim em vista é o trabalho.

É por volta dos seis anos que se dá essa maturação. É nessa fase que o pequeno, depois de ter dominado o arco e o círculo, às vezes já aos dezoito meses, bem como o quadrado na idade dos quatro anos, se torna enfim capaz de fazer um losango. Ora, o traçado do losango é de suma importância, pois ele indica habilidade suficiente para as dificuldades da escrita.

Essa progressão que toda criança observa em seu trabalho, com maior ou menor rapidez, é campo de observação precioso para as alfabetizadoras.

Em Paris, tornou-se famosa a exposição de pinturas infantis denominada *L'enfant* émerveillé, das escolas maternais do 4° distrito, em 1956. A variedade e a multiplicidade dos temas, a riqueza das transposições demonstraram que, através do impulso livre e criador, a criança chega à vida da arte.

O método empregado pelas professoras nesse trabalho notável foi apenas o do estímulo, da não intervenção, do respeito à produção infantil. Com efeito, a mestra não precisa ser artista, mas precisa conhecer as técnicas do trabalho, bem como as reações normais da criança em relação a cada atividade.

Causaram admiração alguns dos motivos das pinturas: o mundo dos maus; o mundo da noite; o combate dos galos; o gato fantástico; a chuva azul sobre as árvores de outubro; o pássaro de fogo; a pantera na floresta negra; uma noite cheia de sortilégios; a dança ao redor do pinheiro etc. Mais interessante, ainda, pareceu-me a redação que acompanhava certas pinturas.

Crianças de menos de seis anos escreveram à lua, para oferecer-lhe um pinheiro, frases como estas:

> "Oh! Lua! Achas bonito o meu pinheiro? Cobri-o de guirlandas, guirlandas da cor da tua luz, lá do céu".
>
> "Quando acendes a noite e que tua claridade envolve todos os países, eu adormeço e sonho contigo, e com o teu pinheiro".

Na *Académie du Jeudi* de Arno Stern, em Paris, a tendência ainda é mais rigorista no sentido da pintura como meio de expressão da realidade interior. Nenhuma sugestão. Nem histórias, nem audição de discos, nem centros de interesses, nem motivação que possam sobrepor um tema à inspiração espontânea. Também nenhuma interpretação, nem mesmo essa redação aplicada, que pode levar a criança a uma exegese forçada da sua produção. Esse exatamente o princípio observado em nossas Escolinhas de Arte.

Já no Atelier de *Dessin pour enfants*, que funciona no Museu de Louvre, a preocupação é orientada no sentido da formação do gosto artístico. O tema é igual para todos. A pintura é precedida de observação de peças do Museu. Aqui se toca às fronteiras do ensino, embora haja grande liberdade de interpretação do tema proposto. Belvès, o professor dessa famosa escola de Louvre, tem observado que o ambiente do atelier favorece muito mais a inspiração que o da classe. Grande número de alunos seus, do liceu em que leciona desenho, revelam-se talentosos no atelier ao passo que, em classe, só produzem desenhos medíocres, sem o menor cunho pessoal.

A pintura a guache, sendo a mais luminosa, é talvez a que mais favorece a alegria da criação. Ora, "o homem não se alimenta só de matéria, mas também de contentamento". A criança, muito mais que o adulto, se nutre de satisfação, de bem-estar, de júbilo. É nessa capacidade de gerar a euforia que reside a virtude estabilizadora da pintura.

A modelagem – o gesso com aparência de cerâmica

A modelagem é um jogo instintivo que produz um gesto absolutamente primitivo. Amassar inspira-se na necessidade de coordenar movimentos e de dominar a matéria. Satisfazer a essa necessidade é meio de desenvolver a confiança em si. Como a pintura, a modelagem exprime os problemas afetivos e revela o nível de desenvolvimento intelectual. Além do mais, "leva para o trabalho escolar uma tendência artesanal que corrige seu caráter excessivamente intelectualista, perigoso porque esquemático".

Fazer bolinhas de terra é um gesto que proporciona grande prazer. Ora, o método da modelagem consiste exatamente em decompor objetos complicados em massas simples, como sejam beliscados, roletas, massas estendidas, e a combinar essas formas elementares (bolas, cobrinhas, "biscoitos"), pela sensação de suavidade e de docilidade, agrada sumamente a qualquer idade.

O material ideal para a modelagem é a argila, a qual, envolvida em panos molhados e metida em lata inoxidável, conserva sua plasticidade. Os objetos modelados podem secar à sombra e depois cozinhar ao sol. Os objetos avantajados em tamanho podem corrigir a timidez. Uma vez pintados e envernizados, produzem efeito extremamente atraente.

A plastilina também poderá ser usada para a modelagem. É mais cara, porém, não seca; é mais limpa e menos colante. Todavia, apresenta um inconveniente: presta-se mais a ser desmanchada para ser aproveitada em outras produções. Ora, o trabalho de criação deve ser valorizado. Levado para casa, deve suscitar a admiração dos pais e merecer durante algum tempo lugar de destaque. Muitos pais avisados já têm no seu quarto ou no escritório estantes para expor os trabalhos de seus filhos. A destruição de um trabalho de arte equivale à desvalorização da capacidade criadora, a qual necessita de estímulo permanente.

A modelagem é terapia usada com imenso sucesso. Ameniza a crise dos três anos, elimina ressentimentos e faz as vezes do brinquedo com terra e com água. Depois do período de experimentação da massa e da satisfação de impulsos criadores, surge o período da representação de idéias, isto é, de atividades conhecidas, de experiências, de pensamento. E, finalmente, vem a fase preciosa da revelação de conflitos interiores.

Quantas vezes observei crianças arredias, refratárias ao carinho, isoladas do grupo, silenciosas, largadinhas, incapazes de se ocuparem, virem aos poucos se chegando para a mesa de modelagem. Um dia, conseguem fazer o gesto salvador: apanham um pouco de massa. O contato com aquele elemento plástico opera então o milagre. Brinca primeiro. Depois dá nome às suas produções. Finalmente, surgem símbolos de dramas. Uma criança modela o "pai feio" que a abandonou; atira-o ao chão e pisa-o, descarregando assim sua amargura e podendo, tempos depois, moldar um símbolo pelo qual anseia, o do "pai bonito" que gosta dela e dela se ocupa. Um pequeno faz a figura da irmã mais nova que lhe roubou o lugar de reizinho da casa; depois de morder violentamente a figurinha e de macetá-la com a faca, atira-a pela janela. Repete a cena, por várias vezes; acalma-se, por fim, e entra a suportar melhor aquela que o tornou tão infeliz! Um pobre viúvo, ainda moço, que enlouquecera após a morte da mulher, vitimada pelo câncer, só conseguia modelar figuras de mulher de busto mutilado. Pintava-as de preto ou de cores tristes. O motivo que o traumatizara foi assim perdendo sua violência. A cerâmica tornou-se, no dizer dos médicos, eficaz auxílio na cura da moléstia. Uma mocinha, torturada por um sentimento de culpa em relação à mãe, inscrevia em todos os seus trabalhos de modelagem a palavra "remorso". Até que, um dia, passou a temas mais alegres e deixou de traçar aquele vocábulo que vinha revelar tão ostensivamente o seu conflito.

Muito comum se tem tornado hoje, nos ateliers, a fabricação de brinquedos com argila ou massa, ou a confecção de colares e pulseiras, potes e louça, com decorações as mais variadas. Quanto mais "funcional" é o objeto modelado, mais profunda será a sensação de equiparação à eficiência do adulto.

A modelagem presta-se ao trabalho coletivo. O trabalho de grupo é sumamente educativo. Compor, por exemplo, um terreiro em que os animais domésticos se reúnem à hora de comer; organizar uma feira com suas barracas de legumes e frutas; compor uma mesa servida para o almoço; eis aí motivos excelentes para socializar a criança em atmosfera de intensa cooperação. Todavia, é preciso saber individualizar o trabalho coletivo: cada qual deve ser inteiramente responsável pela parte que lhe couber.

O gesso com aparência de cerâmica é um trabalho fascinante e fácil, de efeitos sensacionais.

Faz-se o desenho sobre uma placa de massa de modelagem. Trabalha-se o desenho com um grampinho de cabelo ou ponta de metal, como se fora um baixo-relevo. Cerca-se a placa com um muro de defesa. Derrama-se o gesso líquido. Uma vez seco, tira-se o gesso da forma. Vem finalmente a pintura a guache e o envernizamento.

O efeito desse trabalho é maravilhoso. Crianças que se ensaiam pela primeira vez produzem frutas, flores, barcos a vela, sobre fundos pitorescos. O gesso não precisa ir ao forno. Pode ser pendurado na parede, servindo de decoração, principalmente para quartos de criança.

Uma menina de oito anos produziu uma série de anjos, notável para sua idade. Outra, da mesma idade, fez vários ramalhetes de flores miudinhas, de todas as cores, muito interessantes. Os meninos têm por esse gênero de trabalho o mesmo entusiasmo que as meninas. O barco a vela é um dos seus temas prediletos. O interesse por essa espécie de cerâmica é tão intenso quanto pela pintura. É considerável o esforço mental que ela exige: o compreender a função da forma, esculpir o gesso para obter relevos expressivos, escolher as cores para os dois planos, fundo e relevo, são atividades que fazem apelo à capacidade criadora.

Além de todas as outras, essa técnica tem ainda a vantagem de poder ser realizada toda ela numa só sessão.

A música criadora — a flauta de bambu

A criança nasce dotada de senso rítmico, bem como da faculdade de distinguir os sons e de reproduzi-los. O interesse auditivo precede a linguagem. O bebê ordena os sons musicais e tenta cantar antes mesmo de ensaiar as primeiras palavras. Os métodos ativos de iniciação musical, empregados nos cursos Martenot de Paris e as famosas experiências similares brasileiras exploram essa faculdade infantil: aboliram por completo a abstração no ensino da técnica musical. Conservam vivo o impulso rítmico interior, resguardam toda a frescura do mundo sensorial da música. Suas aulas de composição produzem criações inefáveis. Um grupo de crianças de seis anos transpôs, certa vez, em melodia, perguntas, respostas, exclamações, reticências, lembranças, cóleras, agrados, com uma riqueza de expressão assombrosa. A iniciação musical visa a formar executantes e não só ouvintes. Por isso, faz apelo à imaginação criadora. O esforço reclamado da criança é intenso, mas breve. Todo exercício-jogo deve ter um valor expressivo que corresponda aos impulsos naturais da criança. Deve também desenvolver o gosto pelo silêncio, o qual habilita a melhor apreciar a melodia. Valioso é o auxílio dos jogos rítmicos nessa educação do ouvido: gritos, chamados em ritmo, suspiros, gemidos, etc. Os jogos educativos apresentam a teoria musical sob uma forma concreta: dominó de notas, cartas, vísporas com fórmulas rítmicas. A audição prolongada de um som, auxiliada por gestos e atitudes que favorecem esse exercício, permite saborear o movimento sonoro, a duração dos sons, as variações de intensidade etc. A improvisação, entretanto, é que constitui o momento por excelência da revelação do mundo íntimo. Cumpre incentivá-la num ambiente que possa despertar confiança. Quando reina a compreensão, a criança compõe sem dificuldade, inspirada pelas experiências preparatórias. Sendo acompanhados ao piano por belos acordes, os pequeninos compositores enchem-se de entusiasmo.

A idade das grandes descobertas situa-se entre quatro e oito anos. Cumpre, nessa fase, visar à sensibilidade musical. Cantem-se músicas bem escolhidas, bem executadas, de forma a emocionar. Sejam também variadas a fim de exprimir estados de alma diversos. Sejam finalmente do agrado da criança. "É a criança que aprova a música e não os adultos".

Dentre os meios adotados atualmente para favorecer a música criadora, figuram a bandinha e a flauta de bambu. A bandinha é atividade comum hoje nos jardins de infância. A flauta de bambu é ainda pouco empregada entre nós.

A flauta de bambu vem despertando o maior interesse como meio de expressão na Europa. É considerada como o "vestíbulo da música instrumental".

A flauta de bambu é tão velha quanto a humanidade. O homem sempre procurou obter sons soprando em algum instrumento. Aliás, o instrumento de sopro foi provavelmente o primeiro a produzir melodia.

Por volta de 1930, Margaret James fez reviver o uso da flauta de bambu, considerando-a como a "ponte ideal entre a música vocal e a música instrumental", e atribuindo-lhe virtude educativa excepcional, em razão do controle respiratório e muscular que exige e, sobretudo, em razão do estímulo que traz às faculdades criadoras. Com efeito, o instrumento deve ser fabricado pelas próprias crianças, aumentando as suas possibilidades à medida que se vai enriquecendo a técnica no uso do mesmo.

O modelo que serviu à primeira experiência de Margaret James foi uma flautinha de um pastor siciliano, cuja sonoridade era de uma doçura extraordinária. Margaret James copiou-o, mas não obteve de pronto o resultado desejado. Entretanto, a flauta, pintada com motivos interessantes, entusiasmou as crianças. Houve, em sua classe, uma onda de fabricação, que determinou intensa exploração musical. Por fim, apurou-se satisfatoriamente o trabalho e foi constituída uma orquestra popular de flautistas, em Gloucestershire, na Inglaterra.

Os efeitos dessa orquestra foram tão sensacionais que interessaram a musicistas tanto quanto a educadores. Foi logo fundada uma associação, uma Guilde, para coordenar os esforços da arte renascente.

Como para os artesãos das antigas corporações, foi exigido dos instrutores exame para poder ensinar.

O professor há de saber construir a sua flauta, além de saber tirar dela todos os efeitos possíveis. Esse instrumento é hoje considerado perfeito e capaz de interpretar a verdadeira música. Assisti a um concerto de professores, na Suíça, realmente empolgante. Concerto de Bach e de obras modernas escritas especialmente para flauta de bambu. Os concertos de crianças também foram notáveis, não só pela qualidade da execução, mas também pelo valor de disciplina que evidenciaram. Já é apreciável o repertório de músicas, principalmente folclóricas, que possui a flauta de bambu.

No Congresso de Londres, em 1950, foram definidas as características dessa arte, bem como seu campo de ação, que pode ser artístico, educativo e social.

A construção do instrumento é a base de todo trabalho pedagógico e musical. Deve ela ser precedida do conhecimento teórico e de experiências práticas do som, da sua produção, da sua qualidade, de sua altura, das suas combinações. Na confecção da flauta o essencial é a embocadura. A rolha é a alma da flauta. É preciso primeiro conhecer-lhe a regra do talho. Faz-se, depois, o primeiro orifício, mais ou menos profundo, conforme a sonoridade do bambu. Ah! a alegria do primeiro som! A criança que ajudou a limpar o interior do bambu, que assistiu à fabricação da rolha, vê enfim satisfeita sua curiosidade. Não há dois bambus que sejam iguais. De modo que o primeiro som é sempre uma surpresa. Vem, então, o trabalho de afinação, o qual educa singularmente o ouvido. Afina-se o som fundamental pelas outras flautas. Segue-se a abertura dos demais orifícios, a fim de obter a escala completa.

Nesse processo todo, a criança permaneceu ativa. Procurou fixar dentro dela a pureza do som exato. Sua aprendizagem do instrumento foi progressiva. Não passa de uma nota para outra enquanto não esgota as possibilidades de um orifício, pois para cada um há muitos exercícios e muitas músicas interessantes. Cada nota é para a criança uma realidade tangível, uma conquista. Dominar assim um elemento material tão primitivo e chegar a produção tão altamente artística é motivo para júbilo que não escapa ao psicólogo.

A flauta de bambu estimula a improvisação pois o pequeno não se cansa nunca de experimentar a "sua" criação. É essa uma atividade que exerce fascinação sobre todo tipo de criança. Mesmo as desajustadas, que resistem à atração da modelagem e da pintura, se deixam conquistar pelo instrumento a que os franceses chamam de "*pipeau*".

Que espetáculo o das crianças afinando as suas flautas! Que intensidade do esforço para apurar o ouvido! Em poucas sessões aprendem as leis fundamentais da música do conjunto e seu sonho será então fazer parte da orquestra.

A flauta, uma vez terminada, é decorada e envernizada, pois o verniz, além de ser uma proteção, apura a sonoridade. A decoração lhe dá individualidade: ela se torna a criação do seu construtor.

A flauta de bambu pode ser instrumento de iniciação musical como também pode ser o único instrumento tocado pela criança ou pelo adulto.

Sua função é criar amor e respeito pela música e gerar aquela alegria que traz socialização e ajustamento psicológico.

A dramatização – o teatro de sombras vivas – fantoches e marionetes

A dramatização é o meio de expressão mais natural da infância. Com efeito, desde muito pequena, a criança é solicitada pelo instinto dramático. Toda manifestação de vida atrai sua curiosidade. Uma vez registrada a observação, surge a necessidade de reproduzi-la. Mas essa reprodução não é servil: ao que foi visto, ao que foi ouvido, será acrescentado o que foi suposto por detrás das aparências. Dá-se um ajustamento ao nível de evolução e aos gostos de cada um, uma transposição para o plano pessoal. Há detalhes que são suprimidos, outros que são criados pela fantasia. A invenção entra em jogo para associar o sonho à realidade.

A transposição traz como que um desdobramento de personalidade. As vezes até a ilusão chega a ser tão perfeita na situação dramatizada que a criança entra em estado de absoluta identificação. Quantas vezes os atorezinhos têm medo do si próprios e pedem para modificar o desfecho de uma história que os angustia!

A dramatização não é, portanto, imitação apenas; é atividade de autoexpressão. Quando a criança escolhe seu papel, é o seu caráter que ela define, seus sonhos que ela encarna. Através da representação, ela toma consciência de si própria, o que é sempre motivo de contentamento. As crianças que mais utilizam a dramatização são as de maior sensibilidade, porém bem adaptadas socialmente.

Na dramatização, o papel do educador é de ensinar a discernir aquilo que se presta a uma interpretação dramática; de propor temas adequados à idade e à feição do grupo, e de auxiliar na escolha desses temas.

A arte de definir e de fixar os desejos de um grupo é muito sutil. Quando surgem idéias felizes, cumpre encorajá-las, suscitar críticas e confrontá-las umas com as outras, ordenar as discussões, levar a resoluções, conciliar opiniões divergentes.

Um instinto dramático transbordante pode arrastar o excesso de detalhes. É preciso conter a prolixidade e ajudar a fazer a triagem dos fatos significativos. É óbvio que essa intervenção deve ser extremamente delicada, pois, acima de tudo, deve ser preservada a espontaneidade na composição dramática. Não é a excelência do resultado que importa: é o trabalho pessoal intenso e alegre, rico de invenção e revelador de uma realidade psíquica.

A dramatização deve ser baseada na observação das coisas e dos seres. Observar é o primeiro passo para uma documentação. Uma vez desperta, a curiosidade procura enriquecer sua experiência. A história é sempre a fonte inesgotável de temas sugestivos: satisfazem a um tempo o interesse profundo pelo conhecimento e a atração pela ficção. A atmosfera de sonho das histórias conduz de volta à dramatização: as memórias significativas abundantes transbordam da alma e procuram recriar aquilo que a inteligência assimilou e que a sensibilidade registrou. E assim se forma aquele círculo precioso de observação-transfiguração; expressão-observação.

Tudo pode servir de pretexto para o exercício do instinto dramático. É uma personagem que se quer encarnar, um animal que se deseja representar, um objeto que adquire vida própria ou uma fantasia que se deseja tecer. Brincar de mestre-escola, de mãe, de padre, de soldado, de médico, de *chauffeur*; representar um cachorro, uma festa, atos da vida cotidiana, professores, lendas folclóricas, fábulas, histórias conhecidas, enfim, tudo o que pode ser observado ou imaginado e sentido, leva a gestos sinceros e traduz uma experiência real.

Nas dramatizações infantis, os tons sucedem-se sem transição: o trágico e o cômico, o terno e o agressivo, o grotesco e o sublime. O real e o irreal entrelaçam-se com enternecedora poesia.

A expressão dramática favorece a identificação. Toda criança gosta de ser outra. Tornando-se um ser diferente por algum tempo, a criança realiza esse ideal fugindo a si própria. Constrói uma personalidade nova, do seu agrado. Essa evasão permite-lhe senão a liberação total de conflitos, pelo menos alívio à tensão interior em razão da alternância rápida de emoções.

A criança é um ator em constante evolução. Os recalques e automatismos resultantes dos gestos e atitudes impostas procuram vias de eliminação. Na dramatização, o gesto é livre, é criação, é ilusão consciente; é, portanto, liberação. Todavia, há crianças recalcadas que não gostam de representar. Quando muito, aceitam papéis impessoais e se acobertam sob a forma de bichos e de objetos, de plantas ou de flores. No dia em que elas saem dessa espécie de anonimato para tomar participação mais direta, é que venceram seus temores e progrediram no ajustamento.

Além disso, a dramatização exige boa dicção, linguagem direta, composição lógica, beleza nas atitudes, elegância nos movimentos, harmonia nas formas e nas cores, sentido de ordem e de seqüência, verdade na apresentação de fatos, habilidade na transposição dos mesmos, encanto e sedução para produzir efeito. Ora, essas qualidades exigem do ator esforço físico e intelectual apreciável, o qual reverte em benefício da aprendizagem escolar. Com efeito, compor um texto e recitá-lo desenvolve a facilidade de redação e de elocução; montar uma peça cultiva o gosto estético e o interesse pelo desenho e pela pintura; confeccionar costumes leva à curiosidade pela história; a expressão corporal dá o sentido do valor da cultura física; a sonorização desperta o amor à música.

As crianças que têm o hábito de dramatizar afinam seus sentimentos pela prática da criação.

Aparece nelas o sentido da poesia. Melhoram as técnicas da cooperação, pois que aumenta a alegria de pôr em comum idéias e iniciativas. Compreendem a necessidade da crítica construtiva. Aceitam e admiram a superioridade dos companheiros.

A criança dramatiza para seu divertimento e para o prazer dos coleguinhas e dos adultos. Todavia, da idéia inicial do divertimento ela passa logo ao exercício, ao esforço e, por conseguinte, à aprendizagem. Quanto menor é a criança, menos ela precisa de auxílio do adulto. Sendo comediante por natureza, para ela não existem dificuldades, pois ainda não a embaraçam os problemas de técnica. Como para a pintura, a capacidade criadora atinge, na pequenina infância, o seu pleno rendimento porque não existe então a limitação das convenções.

A princípio, o jogo dramático pode prescindir de palco, de costumes, de cenários, de música, de luzes. Mas, aos poucos, convém utilizar todos esses recursos que vêm enriquecer a experiência e aumentar a ilusão da realidade.

Na dramatização, todos os seus elementos construtivos vêm satisfazer interesses profundos.

O acessório, o costume têm uma virtude mágica: opera instantaneamente a transferência para o reino da ficção. A criança gosta de fantasiar-se. Tudo o que sai fora dos ritos habituais a apaixona. As máscaras, os penteados, os postiços, a vestimenta a caráter, as flores artificiais, são fatores de exaltação. Aliás, o baile a fantasia não fascina também os adultos? A escolha do acessório tem sua técnica: deve reproduzir traços característicos do personagem que se vai apresentar. Quer seja de papel crepom, de jornal ou de fazenda, o acessório deve ser sempre bem estudado. Sapatos de salto alto e luvas compridas, um bigode bem enquadrado, já são elementos cheios de possibilidades transpositoras. O vestido de chita, o balangandã, as bombachas, o ponche, o chapéu de vaqueiro conservam sempre intato o seu prestígio de símbolo. O respeito ao acessório obriga a abrir os olhos e a observar tanto as pessoas que nos cercam quanto as representações nos livros, nos quadros, nos monumentos da praça pública.

Certa vez uma criança de quatro anos, ao ver o Cristo Redentor, exclamou: "Então, há dois Cristos? Um que é homem, outro que é mulher?" A descoberta da túnica determinou no menino tal confusão que foi preciso lhe mostrar figuras da história antiga para esclarecer sua dúvida. E no carnaval seguinte, fez questão de se vestir com uma túnica. Daí por diante, conservou a curiosidade pela reconstituição das linhas e das cores da indumentária histórica.

Numa Escolinha de Arte, assisti um dia a uma festa de aniversário. O programa constava apenas de um lanche. De repente, surgiu entre as crianças a idéia de uma dramatização. Num instante, organizou-se o tema. O aniversariante seria o rei: os meninos, os súditos. E como a criança gosta de tudo quanto é solene, improvisou-se um cenário. Uma escadinha serviu de trono. Manto, cetro, coroa, qual seria a caracterização? Por falta de material, foi recortada a clássica coroa de cartolina. Os meninos assumiram posições humildes de servos. As meninas se empoaram todas, feito damas de corte. Houve beija-mão cheio de cerimônia. O bolo até perdeu sua atração, à vista do entusiasmo provocado pelo teatrinho improvisado. Dois acessórios singelos impuseram singular dignidade à cena representada.

De todos os acessórios, a máscara é a que permite maior espontaneidade. Dá mais ênfase ao gesto e às atitudes. Valoriza a expressão das mãos.

Tive ocasião de ver, recentemente, um espetáculo em que um rapaz de máscara interpretava uma música fortemente ritmada só com a movimentação dos dedos. Verdadeiras acrobacias digitais que alcançaram o maior sucesso!

A máscara deve ser expressão de beleza e acentuar um traço característico da personagem que representa. Não deve ser exageradamente grotesca. Ela prepara para a arte da caricatura e facilita a identificação com a personagem representada.

O cenário também satisfaz o gosto pela ficção. Contribui para produzir emoções fortes porque valoriza a ação. Faz apelo à imaginação e ao gosto artístico. Hoje em dia a decoração da cena está se tornando ramo importante da arte decorativa. Na famosa peça de Claudel, *O Sapato de Cetim*, as ondas do mar foram representadas pelo próprio corpo humano: homens emborcados mexiam com as costas, recobertas de papel preto, cinza e prateado, num movimento de ondulação. Os escoteiros têm tirado, na Europa, grande partido dessa técnica.

A sonorização completa o efeito do cenário. Há meios simples de obter ruídos: pentes, assovios, tampas de panela, pedaços de madeira, gongos, guizos, copos de galalite etc. Cada ruído deve sincronizar perfeitamente com a ação e sugerir uma imagem. Por isso mesmo, os ruídos têm a sua seqüência. O despertar de uma fazenda de criação, por exemplo, deve obedecer à sucessão dos ruídos que ali costumam ser ouvidos. O fundo musical dá melhor qualidade à dramatização: transporta-a para a zona da arte.

Mas o essencial numa representação é a palavra. Exprimir-se pelo ritmo ou pela pantomima não é tão difícil. Descrever com a palavra, dar emoção à linguagem, disciplinar a entonação, levar à sensação estética, criar um clima, transmitir um sentimento, essa a grande dificuldade, essa a imensa tarefa do teatro. Para tal, é preciso viver o drama; é preciso que a ação empolgue por tal forma que o desejo de dramatizar se imponha como uma resultante de uma experiência marcante.

A mesma dramatização pode ser repetida várias vezes a fim de apurar a expressão. As peças devem tender ao bom gosto. Devem conter uma moral, porém disfarçada. A conclusão é tarefa do espectador. Como na história, o teatro deve sugerir, propor, e não pregar. Sua missão primeira é divertir. O essencial é que os personagens sejam bem estudados.

Devido a essa complexidade de elementos, a dramatização é, por excelência, meio de dar à criança confiança em si. É autêntica escola de serenidade e de coragem. Incentiva o esforço pessoal dentro do esforço do grupo, ensinando disciplina e modéstia. Mas, antes de tudo, é fator de euforia e de liberação da espontaneidade pelas suas oportunidades de criação artística.

O teatro para criança é tentativa das mais difíceis, posto que das mais necessárias à formação da personalidade. Tem ele de ser essencialmente educativo. Cumpre-lhe oferecer exemplos de beleza moral, imagens artísticas, impressões de solidariedade humana, símbolos de virtude, encarnações de heroísmos lendários. Há personagens tradicionalmente queridas como o palhaço e o anão.

Há outras temidas, mas desejadas: o bandido, a bruxa, o pirata, o fantasma. Há ainda as que fazem sonhar, como o rei, a fada, o anjo da guarda, o Menino Jesus. Todo esse mundo de representação precisa ser explorado, mas partindo sempre da mentalidade da criança moderna.

Modelo de peça para crianças é o trabalho Pluft, *O fantasminha*, de Maria Ciara Machado. A participação da criança na ação do palco é intensa, sem que, todavia, se produzam excessos de excitação ou de pânico. As ilustrações enviadas pelas crianças após os espetáculos demonstram não só o entusiasmo pela peça, mas o sentimento de franca alegria e de exaltação que resulta como impressão inesquecível.

O teatro escolar foi grandemente cultivado e está hoje decadente por falta de tempo por parte dos estudantes. Mesmo assim, é digno de ser mencionado o Teatro da Coruja da U.D.F. O teatro de estudante de Pascoal Carlos Magno é talvez das realizações mais significativas em matéria de renovação dos métodos da arte teatral em nosso país.

O teatro de sombras vivas encoraja a representação, graças à tela, a qual cria uma espécie de anonimato para os atores: os tímidos sentem-se protegidos e chegam a exprimir-se livremente. Favorece a improvisação, a composição infantil, a pantomima. Leva a cultivar o gesto, a expressão das mãos e das atitudes, as entonações de voz, exercícios todos que dão à criança iniciativa e segurança.

Fantoches e marionetes são técnicas recreativas que gozam hoje de imensa popularidade, seguindo-se-lhes as máscaras e as sombras.

O teatro de figuras é um instrumento de análise do coração humano e de auto-análise. O espetáculo dos ridículos alheios faz rir, mas faz também refletir sobre os próprios defeitos. A aplicação de uma lição pela caricatura é feita instintivamente e com eficácia.

O teatro de figuras é ainda um derivativo para tendências anti-sociais. Quantos crimes não poderiam talvez ser evitados se pudessem ser representadas suas circunstâncias pelos pré-delinqüentes? Contam que certa menina, preza do sentimento de abandono, brincando com bonecos, representa a seguinte história: Para vingar-se da mãe, a menina atira a irmãzinha pela janela; depois mata o pai e a mãe. Nisso, aparece um pirata e mata a criminosa. A pequena sente uma pequena descarga emocional e passa a tratar melhor a irmã.

Para acalmá-la de todo, seria o caso de o educador integrar-se no brinquedo e explicar a natureza da ambivalência. Poderia fazer entrar em cena a fada que acorda a criminosa, dizendo que ela não é má, que ela gosta muito dos pais e da irmã; que ela estava com raiva, porém que a raiva passou...

É conhecida a história, narrada por Madeleine Rambert, de uma menina que surrou violentamente um boneco no qual havia inscrito o nome do irmão. "Vamos matá-lo", sugeriu a professora. "Não", retrucou a pequena assustada, "não se deve desejar mal às pessoas". A menina havia transferido para o boneco a sua animosidade, a qual, neste caso, não ia ao ponto de querer suprimi-lo.

Compreende-se logo por que o teatro de bonecos tem sido utilizado em nossos dias como meio de expressão de personalidade. Com efeito, ele figura hoje em lugar de preeminência entre as técnicas recreativas que asseguram o desenvolvimento e o ajustamento da criança, devido à sua alta capacidade de representar a realidade interior, bem como de favorecer a projeção e a identificação.

O teatro de figuras é também chamado teatro indireto, porque se serve de material como sejam fantoches, marionetes, máscaras ou sombras. O material possibilita o anonimato e permite a expressão plena das faculdades criadoras. É poderoso liberador de inibições. Até a gagueira e os tiques são, às vezes, eliminados momentaneamente pela segurança e bem-estar que proporcionam. A figura suprime o desejo de exibicionismo, de vez que o esforço é concentrado na movimentação da cena. Evita dessarte a tendência para a declamação e para a atitude artificial. A espontaneidade é garantida em todas as fases de representação.

O boneco serve de interlocutor, de intermediário com o público e facilita a identificação do manejador com sua personagem. Cada boneco deve encarnar um tipo bem definido. Assim, por exemplo, Polichinelo ficou célebre em França por suas façanhas. Cada país teve o seu herói com suas características próprias.

Antes dos três anos, a criança gosta do boneco-flor. Depois afeciona o boneco-animal, porque a transposição é menos delicada, sendo mais distantes esses serres. Mais tarde, prefere a figura humana.

No teatro de bonecos, é imprescindível o tipo de qualidades negativas, a fim de constituir contraste com as figuras positivas e dar vazão às tendências anti-sociais dos espectadores. Todavia, o mal deve ser facilmente sobrepujado pelo bem. A maldade alcança grande sucesso porque satisfaz agressividades recalcadas. Quanto mais colérico, brutal, vingativo é o tipo mau, mais entusiasmo suscita. Entretanto, em definitivo, a simpatia, pelo menos da criança, está sempre com o símbolo da bondade e com as vítimas da injustiça. O sofrimento alheio emociona profundamente porque o drama é vivido com intensidade. Eis por que é preciosa essa forma de teatro: educa o sentimento, despertando a compaixão e o senso de justiça.

O espetáculo pode ser interpretado pelo narrador, personagem que se dirige ao público para explicar os motivos da ação. O narrador não deve, entretanto, tirar conclusões: a moral das peças deve ser implícita, tal como na história que se conta à criança.

A peça improvisada é mais recomendável que a peça escrita porque favorece a espontaneidade. Todavia, compor, de vez em quando, uma peça em equipe é trabalho de socialização de alto valor. Na escola secundária, não basta levar à cena uma obra literária: seria necessário, para uma interpretação perfeita, estudar a época em que ela foi produzida e o estado de alma do autor quando a escreveu. É dessa forma que o jovem pode libertar-se totalmente do texto e desempenhar um papel, encarnando uma personagem.

O instinto teatral é um impulso que nasce com o indivíduo. Não somos acaso múltiplos em nosso comportamento? Não é freqüente ver-se o mesmo homem maneiroso com os amigos, galanteador e jovial fora de casa, ser acusado de taciturno e até mesmo de brutal pela família?

Pode-se dizer sem exagero que variamos de atitude conforme o público que encontramos para as nossas representações. O instinto teatral leva-nos a transfigurar o cotidiano de modo a podermos viver aquela vida e encarnar aquela personagem com que sonhamos. É tão poderoso esse instinto que a criança o satisfaz nas suas sessões de faz-de-conta. E o povo, na sua embriaguez de "tomar férias do ego", na expressão de Olga Obry, procura realizar-se plenamente na folia do carnaval, que é, por excelência, a festa da transfiguração primitiva dos impulsos do homem.

O teatro de bonecos satisfaz ao instinto teatral porque o títere não está sujeito às contingências do ator em carne e osso. Não há façanha que não possa realizar nem domínio que não possa invadir. Como sua finalidade é favorecer a evasão, liberta-se das leis da natureza. O boneco morre, ressuscita, vai aos infernos e sobe aos céus, dança como um endemoninhado, gesticula com violência caricatural, berra, mata, agita-se e sofre, ama e se desespera ou se alegra dentro de uma atmosfera de fantasia e de sonho. Para ter sucesso, o boneco deve ser bastante exato para ser humano e exercer influência, e bastante irreal para poder divertir.

As origens da arte do teatro de figuras perdem-se na noite dos tempos. Veio da Índia para a Pérsia, e dali para o Império Bizantino. Os egípcios tinham seus bonecos articulados de madeira com cabeça de marfim. Na Índia, havia bonecos de prata e até mesmo de ouro. A velha Roma e a Grécia os mencionaram nos seus textos. Na Idade Média, eles se especializaram em histórias bíblicas e na da Virgem Maria. Daí, talvez, a origem do seu nome de "marionetes". Na Europa, parece ter sido a Itália o berço do teatro de marionetes, o qual se tornou logo a grande atração das famosas "Feiras" de antanho.

No século XVIII, em França, o teatro de bonecos atinge os píncaros da glória. Rivaliza com a Ópera Cômica de Paris e representa peças que a ela estavam destinadas! O espetáculo durava então das dez horas da manhã às duas da madrugada e a afluência de espectadores era imensa. Todas as obras célebres eram ali parodiadas, até mesmo as de Voltaire.

Na Inglaterra, o boneco encontra a mesma entusiástica acolhida. Os grandes dramaturgos confessam ter encontrado inspiração para suas obras imortais no teatro de figuras. Goethe, por exemplo, deve a ele o seu *Fausto* genial.

No século XIX, o teatro de figuras sofre uma crise. Mas renasce na segunda metade do mesmo século.

George Sand tinha grande entusiasmo por essa forma de arte. Instalara, no seu castelo de Nohant, um teatrinho para divertir seu filho, o qual atraía toda a boa sociedade de Paris. Na novela que escreveu para fazer a apologia do títere, exclama:

> "Ele (o boneco) obedece ao meu capricho, à minha inspiração, à minha agitação. Todos os seus movimentos são conseqüência das idéias e das palavras que eu lhe empresto. Ele é eu, isto é, um ser e não um fantoche."

Em nossos tempos, Gaston Baty, entre outros tantos, pôs em evidência o valor da arte dramática dos bonecos, criando um teatro de títeres em Paris. O famoso filme *Lili* consagrou no cinema as possibilidades artísticas desse gênero teatral. E os *Piccoli* de Vitorio Podreca, com os seus quarenta anos de existência e suas vinte mil representações, são uma afirmação do prestígio dessa forma de arte.

Bernard Shaw escreveu uma peça para o teatro de marionetes e declarou: "Esta obra deve ser a última e a expressão suprema do meu gênio".

A Unesco tem tirado partido dos bonecos para divulgar as vantagens de saber ler e escrever e dos hábitos de higiene. A campanha de alfabetização de adultos no México, em 1945, utilizou o espetáculo ambulante de marionetes e chegou a ter, certa vez, um público de cerca de dez mil espectadores.

No Brasil, no século dezenove, era muito popular, na Bahia e em Minas Gerais, o presépio de fala, forma primitiva da marionete, de origem religiosa, o qual funcionava por ocasião das grandes festas da Igreja. Lembro-me, com emoção, do teatrinho rudimentar de bonecos que minha avó organizara em Baependi. Que repertório esplêndido de gestos! O tema era aproximadamente o do presépio de fala: a cena do paraíso, a desinteligência entre Caim e Abel, a arca de Noé. As canções vinham de longe e se repetiam em todo o sul de Minas. Essa talvez uma das impressões mais vivas da minha infância.

Surgiu, mais tarde, o teatro João Minhoca, com suas figuras um tanto banais, intelectualizadas, morrendo logo por falta de valor artístico. Foi em 1945 que a *Sociedade Pestalozzi* iniciou notável movimento de teatro de marionetes e de fantoches, de sombras chinesas e de máscaras, visando o desenvolvimento e o ajustamento da criança. O teatro Gibi é iniciativa da Prefeitura do Distrito Federal; seus espetáculos são dignos de nota pela sua beleza e seu valor educativo. Merecem igualmente registro as representações da Escolinha de Arte, montadas inteiramente pelas crianças.

O tema mais comum do teatro de bonecos é o fato da atualidade. É a gazeta animada e filosófica que faz rir mas também faz pensar.

> "A sátira, levada à cena por figuras inocentes, de fisionomia impassível em meio às tempestades emocionais, incita o espectador a completar-lhes a deficiência expressiva com sua imaginação. Assim é que o assistente se torna ativo, analisando o espetáculo, refletindo sobre a significação dos ridículos expostos, e descobrindo as intenções secretas do comportamento humano."

O grande poder de comunicação da figura com jovens e adultos reside na preeminência da ação! O texto deve ser despojado de artifícios, composto em estilo direto, a intriga leve, as intenções muito visíveis. Essa ação, movimentada exteriormente, deve ser realçada pela música, pelo chiste, pelo colorido, pela poesia. O ritmo pode ser intenso. Muitas frases só terão valor de música, acentuando-se fortemente as palavras essenciais.

A comunicação fácil reside também no cômico do boneco que é muito simples, baseado no ritmo e na repetição dos mesmos gestos e das mesmas palavras, bem como na exageração dos sentimentos, dos acessórios e da gesticulação, o que determina um sabor forte de caricatura.

Finalmente, a receptividade do teatro de títeres reside na sua dramaticidade. Esta provém principalmente da alternância hábil do previsto e do imprevisto, provocando emoções que perduram na lembrança. Provém igualmente da preocupação de tocar mais o coração do que a inteligência, pois que a gente moça constitui um público extremamente sensível.

Assim, por exemplo, uma rixa deve ser bem concertada: palavras ritmadas e repetidas, reações em cadência, pancadas ruidosas, gritos estridentes, risos estrepitosos, desfecho inesperado. É que a marionete foge ao gesto habitual e ao tom normal: ela tem uma arte que lhe é própria e que não deve ser confundida nem com a do teatro nem com a da revista.

O boneco não precisa ser muito caracterizado em sua forma material; deve oferecer um mínimo de expressão e de particularidade, um "potencial de vida que só se revelará e se imporá no decorrer da representação". É a sensibilidade pessoal do marionetista que anima o boneco e lhe empresta a sua alma.

A dança – os jogos rítmicos

> "A mais completa das artes (a dança) deve associar-se à mais humana das ciências: a pedagogia."

Com efeito, a dança não é só meio de cultura artística e de refinamento do gosto: quando espontânea, é também meio de expressão poderoso. Como tal, é a técnica de psicoterapia para a personalidade instável, reprimida ou revoltada.

A dança deve ser, antes de tudo, para a criança, manifestação direta de atividade, ginástica primitiva, forma ingênua do gesto infantil. É também manifestação do instinto do ritmo e reação à sensação musical.

A dança completa a dramatização, pois que ela é expressão do corpo e mímica natural na criança.

Extremamente interessante a experiência de Maurice Lecoq com meninos de 10 a 13 anos, a respeito da dança.

Numa "classe ativa", em que se atribuía grande importância à educação musical, as audições de discos eram muito frequentadas, embora não figurassem no programa como atividade obrigatória. Mas, diz Lecoq meninos pareciam, procurar ali fabulações mais ou menos fantásticas ou construções visuais. A música se tornou, para eles, um elemento indutor, um núcleo gerador de fantasias. Tomaram assim o mau hábito da transposição de suas emoções auditivas em imagens: o que pediam à música é que contasse histórias, descrevesse paisagens, se possível irreais e feéricas. Música, para eles, era sinônimo de literatura sonora. Parecia difícil, nessas condições, a passagem da apreciação das obras narrativas e descritivas à apreciação da música pura.

Ora, durante as audições, os meninos mexiam-se, marcavam o ritmo com a cabeça, com as mãos, com as pernas. Isso vinha provar que ao lado do interesse narrativo ou descritivo, havia uma sensação musical, a que provinha da sensibilidade rítmica.

Ao invés de reprimir essa agitação, que incomodava a coletividade, Lecoq propôs que os meninos exprimissem pela dança o que estavam experimentando.

A princípio, sentiram-se todos tolhidos, envergonhados. Mas, de repente, um deles se animou e se pôs a dançar. Como o sarcasmo rompesse logo, suas evoluções foram mais uma palhaçada. Mas, Lecoq pediu que continuasse. Aumentou então o volume da vitrola a fim de isolar o dançarino no meio dos sons. Os risos foram diminuindo e, pouco a pouco, o silêncio se estabeleceu. A dança passou a disciplinar-se. Tornou-se natural, expressiva, iluminada. O entusiasmo foi crescendo e, quando terminou a música, vários meninos se apresentaram cheios de idéias. O contágio operara-se. Houve uma verdadeira explosão de dança, uma "liberação rítmica". A turma tinha adquirido asas.

Cumpria agora orientar esse entusiasmo pelo movimento.

Foi proposta a interpretação da peça *O Feiticeiro Aprendiz*. Música narrativa, colorida e alegre, de ritmo bem acentuado.

A discussão do argumento já deu lugar a um trabalho de crítica valioso. Foi reduzido o tema e recomposta a tese. Veio, em seguida, a distribuição dos papéis. Todos tiveram sua oportunidade. A escolha definitiva só foi feita depois de quinze dias de ensaios, quinze dias preciosos em que as decepções e as revelações constituíram ensejo de adaptação excelente a situações imprevistas. O "demônio da invenção" estava solto. Os meninos viveram um período de exaltação em que deram o máximo de suas virtualidades, de vez que estavam todos empolgados pelo projeto.

Que calor na discussão dos jogos cênicos a realizarem! Lecoq só fazia estimular e orientar as pesquisas. Uma única dificuldade surgiu nas improvisações. No momento em que entram os elfos, a ronda só pode produzir efeito quando existe certa unidade nos movimentos. Foi então que se sentiu a necessidade dos exercícios sistemáticos. Alguns elementos de dança clássica tiveram de ser aprendidos. As evoluções tornaram-se logo mais graciosas. Mas, para evitar que esses exercícios degenerassem em aulas formais, eram eles executados com músicas fáceis, muito ritmadas. E ao fim do exercício, havia um quarto de hora de interpretação livre, com a única recomendação de que fossem usadas as técnicas aprendidas. Com o auxílio do professor de desenho foram compostos os cenários e os costumes.

A representação da peça obteve grande sucesso. A experiência teve acima de tudo um valor notável de síntese de atividades artísticas: iniciação musical, dramatização, dança, desenho, pintura, educação plástica, expressão escrita e oral, educação literária.

Daí por diante, foi incluída a dança ao programa das opções artísticas, ocupando duas horas por semana. Houve, então, dois gêneros de trabalho: o da dramatização de um argumento musical e o da expressão pelo movimento, sem preocupação de argumento.

As realizações foram extremamente interessantes, chegando--se até a evoluir da interpretação de fábulas de La Fontaine à de poesias "puras". Os meninos compreenderam que não se tratava mais de "animar uma ação, mas de exprimir movimentos e ritmos, sugerindo quando muito uma situação e certas emoções".

Foi assim que a música passou a ter vida própria e a ser sentida intimamente pelos meninos. Para muitos deles, a dança foi como o primeiro transporte que os conduziu ao mundo mais abstrato da música.

A projeção desse interesse sobre o trabalho escolar foi excelente. Motivou estudos de história, de geografia, de desenho, de redação.

Todavia, foi no plano humano que essa técnica pedagógica revelou sua maior eficiência, como atividade funcional, como explosão vital, como seguro fator de liberação e de desenvolvimento. O baile, com máscaras, veio coroar a experiência. Demonstrou esplendidamente a liberdade de movimentos adquirida até pelos mais tímidos.

O esforço imposto pelas repetições incessantes; as exigências de toda espécie criadas pelo trabalho de equipe; a exaltação decorrente da docilidade do corpo aos treinos e à inspiração; a rapidez com que se obtiveram êxitos indiscutíveis; a aprovação entusiástica do grupo e dos adultos; tudo isso veio provar que não é só a infância que necessita de movimento, de harmonia nervosa e muscular. Também a adolescência muito lucraria se utilizasse esse meio de expressão para acalmar seus conflitos e lhe fazer provar o sabor da glória. Recreando por meio de atividades físicas e não o físico em si, obtém-se salutar recreação mental.

Dando um balanço nos resultados de sua preciosa experiência, conclui Lecoq:

> "Vimos, e às vezes em algumas semanas, os meninos se transformarem! De tímidos que eram descobriam seu poder e se tornavam tranqüilos. Houve instáveis que se equilibraram e inquietos que se acalmaram. Todos se entregaram à *alegria*. Em conseqüência, seus passos e seus saltos, mais seguros e mais audazes, os aproximavam cada vez mais da sua *festa*."

O essencial, nessa espécie de atividade, é que ela seja, como a dramatização, uma resultante, uma síntese dos meios de expressão, e não um curso à parte. O animador do programa não precisa ser professor de dança; todavia, deve possuir um profundo sentido das suas possibilidades, gostar de espetáculos, de ginástica moderna, de balé, estar convencido do benefício da dança e ser capaz de resistir à tentação do cabotinismo sem jamais ensaiar as crianças para espetáculos que venham valorizar o trabalho do professor.

Nos Clubes de Lazer, que vêm se multiplicando hoje em dia, tem-se notado que a atividade predileta das meninas, de cinco a doze anos, é a dança. Isso não quer dizer que os meninos não possuam igual tendência. Apenas, os meninos temem o ridículo e têm vergonha da falta de graça do seu corpo. Curioso notar que, quanto mais cansadas estão as crianças, mais elas desejam dançar. Há tesouros de energias no aparelho motor infantil. Quanto mais liberadora é a atividade, mais ela é desejada como meio de descanso.

Na vida social, a dança é ajustamento a outrem. Dos catorze anos em diante, há uma sede de aprendizagem da dança nos dois sexos. Com a descoberta do "outro sexo", a dança surge como o meio mais simples de aproximação. O movimento dispensa quase a conversa. Os inseguros, que não se acham interessantes, agarram-se a ela para encobrir suas deficiências. Um dos sonhos mais ardentes do adolescente é o de ser grande dançarino. Os bailes de adolescentes são, pois, uma necessidade. Mas que sejam bem orientados e muito bem fiscalizados. E que haja entusiasmo pela dança em si; e pela palestra dos intervalos que neutralizam a exaltação dos sentidos.

Os jogos rítmicos são excelente preparação para a dança. O ritmo é o elemento mais significativo da arte e do som. A combinação regular de conteúdos fortes e fracos é imanente e essencial à vida e ao desenvolvimento. São as sensações cinestésicas e acústicas, que acusam mais fortemente o ritmo.

O brasileiro, no conceito de Villa-Lobos, é dos povos mais sensíveis ao ritmo. Basta observar o desfile das escolas de samba para verificar um intenso sentimento do corpo, manifestando-se em movimentos rítmicos e produzindo criações verdadeiramente estéticas.

O ritmo nasce com a criança. Aos seis meses, ela se balança em cadência e utiliza ritmos musicais para bater as mãozinhas. Seu balbucio já é exercício de sons e de cadências musicais. Sua alegria explode quando a mãe canta batendo palmas ou dançando, quando reproduz com as mãos o movimento da serra ou, com a cabeça, o tique-taque do relógio. O jogo do "pirulito que bate-bate" a delicia. Gosta de produzir ruídos cadenciados. À medida que cresce, seu amor ao ritmo vai se acentuando. Na recitação de uma tabuada, há tendência para fazê-lo com um balanço do corpo, o que favorece o esforço pelo prazer que ocasiona. Os brinquedos cantados, as danças regionais, artísticas e sociais, bem como a pantomima acompanhada de palmas ou de pandeiro, são atividades que exercem fascinação porque satisfazem o gosto do ritmo. A criança compreende melhor a pantomima que o adulto. Este procura interpretar gestos e intenções, ao passo que aquela se entrega totalmente ao maravilhoso e ao feérico.

A representação improvisada de um ritmo revela os conflitos da criança talvez mais completamente que a própria dramatização. Eis por que é meio de expressão que vem logrando grande popularidade nos programas de educação infantil.

O jogo rítmico é menos organizado, menos evoluído do que a dança. É a utilização do movimento espontâneo e do ritmo para uma expressão original. É interpretação, por meio do corpo, de idéias e de sentimentos profundos. A criança utiliza a oportunidade de movimento no mesmo senado em que a utilizava o homem primitivo, como tradução direta de realidades interiores. "O movimento é uma forma de linguagem infantil universal, o meio mais convincente de comunicação, uma maneira de aprender." Nos jogos rítmicos, deve haver sempre o desejo de progresso, isto é, de maior beleza, de mais perfeita expressão, de autêntica originalidade. Esse progresso se realiza através da consciência que a criança vai tendo do espaço e do ritmo de um lado; e, de outro, das possibilidades do seu próprio corpo, que é o instrumento da expressão e que se torna cada vez mais dócil à sua vontade. Jamais deve ser visada, entretanto, a formação de artistas para exibição.

As experiências sensoriais enriquecem o poder criador de movimentos rítmicos; uma constante transposição dessas percepções se processa quando praticados regularmente os jogos rítmicos. Assim, a pintura, principalmente com os dedos e com crepom, os bonecos ou esculturas fabricadas pelas crianças levam ao movimento. Há uma correlação estreita entre o movimento e as atividades artísticas. Quanto mais nos servimos das criações infantis para motivar os jogos rítmicos, mais significativos se tornarão estes. Histórias e poesias também sugerem movimentos. Assim, os temas do Saci, da Mãe d'Água, do Sapo Cururu levam a interpretações ricas de movimentos originais.

Uma pequena de oito anos, extremamente reservada, gostava de subir em árvores para podar os galhos-ladrões. O serrote era sua obsessão. Certa vez, numa sessão de jogos rítmicos, venceu a timidez doentia e realizou movimentos representando a poda com uma arte notável. Transferiu para o serrote toda a alegria de viver. Sua expressão eufórica perdurou ainda uma tarde inteira, e, à noite, me perguntou antes de dormir: "Você já viu alguém fazer o que eu fiz?"

O grande valor dos jogos rítmicos é de contribuir, a exemplo da dança e da dramatização, para a liberação da personalidade. O pequeno domina a vergonha que tem dos sentimentos íntimos. Consegue enfrentar um público de crianças e de adultos. Ousa exibir suas criações, certo de que elas têm valor. Procura novas formas;

exalta-se, repete, requinta, pede opinião, modifica, participa dos jogos de grupo, processos todos de alta significação para a aprendizagem. Por isso mesmo, é hoje muito usada a ritmo-pedagogia na alfabetização e na socialização da criança.

Aqui, como na prática das atividades artísticas, a atmosfera da classe deve ser a da simpatia e do encorajamento. Uma crítica, uma zombaria, um sorriso de mofa, determinam a inibição. É grande a dificuldade que os pequeninos têm para vencer a timidez. As palmas, o instrumento de percussão, o barulho são incentivos tão eficazes quanto a aprovação. O barulho cria um clima de "folia" que encanta, põe à vontade e isola os artistas, levando-os para o mundo de sua criação. Esse clima tem semelhança com o do jazz e das festas de São João. Informalidade e algazarra são necessárias às vezes ao relaxamento total do sistema nervoso.

É famosa em Hamburgo a *Boite Zillerthal*, pela alegria sadia dos seus espetáculos. No palco, músicas e danças tirolesas. Nada mais. Na mesa, consumo de cerveja apenas. O segredo da "casa cheia" reside na participação dos espectadores. Num dado momento, a batuta é dada a um dos presentes. Toda a família do regente improvisado é fotografada com o mesmo. Mais tarde a orquestra toca uma música popular. Todos sobem em cima das mesas, dão o braço e cantam junto com os músicos, ou melhor, berram, balançando-se de um lado para outro. Interessante a reação dos personagens ilustres, dos diplomatas, da gente séria. A princípio, hesitação e sorrisos de ironia. Depois, adesão entusiástica. Vence a espontaneidade recalcada. Quanto mais formal o indivíduo, maior a sensação de prazer. O salão confraterniza. De mesa para mesa correm sinais de simpatia. Os estranhos se falam. Muitos comentam ao término da proeza: "Valeu. Ganhei a minha noite".

O hábito do movimento-expressão pode vir a ser, através da vida, fonte de expansão de sentimentos. Ele prepara para o esporte. Mantém o corpo "em forma" e traz a sensação de bem-estar físico que reflete no rendimento da personalidade.

A ginástica rítmica, a ginástica moderna, a acrobacia satisfazem nossa habitual necessidade de ação.

A ginástica rítmica é meio importante da educação do ritmo. Não só assegura o equilíbrio do corpo como desperta as energias criadoras. Os exercícios do ouvido que registra vários ritmos ao mesmo tempo e que executa um deles enquanto observa outro trazem salutar independência de movimentos. Os exercícios ritmados de respiração e de entoação, bem como de improvisação, foram incorporados à técnica dos jogos rítmicos.

A ginástica moderna é, como a dança, uma forma evoluída do jogo rítmico. Tem sido utilizada, com sucesso, na correção de defeitos e na estabilização de crianças inadaptadas. Há exercícios que favorecem a sinceridade como há outros que desenvolvem a docilidade, e assim por diante. O princípio dessa ginástica é desenvolver a disposição de luta contra as solicitações da matéria. A sensação de domínio do corpo pode vir a ser precioso fator de elevação moral.

Os jogos rítmicos prestam-se também para o repouso do corpo e para remembrar o grupo quando disperso em atividades individuais. Gladys Andews, em *Creative Rythmic Movement for children*, sugere exercícios como estes:

> Brincar de sorvete que derrete. "Eu sou um sorvete. Vou me derretendo, derretendo, derretendo..." Os movimentos vão acompanhando, lassos, largados, lentos. "E vou ficando menorzinho, pequenino, pequenino até ficar reduzido a uma manchinha no chão."

Às vezes, as próprias crianças sugerem exercícios para descansar: roupa que seca ao sol e que vai despencando com o vento; folhas secas que caem da árvore, em torvelinho, e se amontoam etc.

Finalmente, os jogos rítmicos são excelente atividade de grupo. Representar um esporte, uma profissão, um ataque de índios, a festa de Natal, um aniversário, são temas que exigem cooperação, organização e disciplina.

A arte do vitral

O recorte de papel colorido permite ocupar várias crianças num atelier, o que desafoga o número dos pintores. Como para a pintura, o recorte deve ser direto, sem o auxílio do lápis. Suas fases de progressão são semelhantes às do desenho. É preferível recortar várias vezes até obter resultado satisfatório a preparar o recorte.

Dessarte, a criança poderá se exprimir porque terá de procurar formas simples, ao seu alcance.

A técnica do recorte está evoluindo para a arte do vitral.

O vitral é obtido por meio de recortes colados sobre papel brilhante de vários coloridos e expostos em galeria envidraçada, iluminada por focos elétricos, projetando luz sobre os vitrais. O efeito assim obtido é deslumbrante. A imagem luminosa é para a criança como que uma aparição feérica. Ver seu trabalho assim transfigurado é deveras emocionante. Que alto conceito faz o pequeno do seu valor e como fica reforçado, em conseqüência, o sentimento de segurança!

O vitral enriquece o recorte. Ele vale não só pelo controle muscular, mas principalmente pela fascinação que exercem seus belíssimos efeitos. Ora, a admiração é um dos sentimentos educativos por excelência, pois, além de outros resultados, desenvolve a imaginação e estimula a criação estética.

Função da escolinha de arte

A Escolinha de Arte suplementa, com imensa eficácia, o trabalho da escola. Tem ela por finalidade desenvolver as forças criadoras da criança, bem como os aspectos não intelectuais do seu espírito. O desenvolvimento puramente intelectual, diz Carrel, impede o desenvolvimento da parte do espírito que não é intelectual: sentimentos, atitudes, hábitos, tendências, intuição etc.

A escola formal não investiga nem observa; por isso mesmo, não favorece a reflexão pessoal sobre a vida e seus problemas. Eis por que não orienta no sentido de uma cultura humana autêntica. Conseqüentemente, a utilização dos lazeres também não tem valor de cultura humana. Uma das formas de revolucionar os métodos tradicionais seria a de fazer largo uso dos meios de expressão outros que não a linguagem oral e escrita, a fim de dar uma formação integral aos educandos. Esses meios são a um tempo processos de recreação e de aprendizagem. Sua prática deveria ser realizada em ateliers, em "ambientes de criação", informais, com pequenos grupos de crianças.

Dois pequenos de oito anos conversavam numa Escolinha. "Como eu gosto de vir brincar aqui; e você? – Isto não é lugar de brinquedo, diz o outro. É lugar de trabalho." O primeiro insistiu: "Eu venho para brincar". Ambos tinham razão. A atividade ali pode ser qualificada de "brinquedo-trabalho".

A Escolinha de Arte comporta atividades as mais variadas: artes plásticas, pintura e desenho, música, jogos rítmicos, dança, pantomima, confecção de bonecos e de máscaras, trabalhos de madeira, dramatizações etc.

O princípio básico da Escolinha de Arte é favorecer a criação artística e, por meio dela, aliviar a tensão emocional, graças ao cultivo da euforia e da conseqüente confiança em si. Decorre daí a atitude toda especial do professor: ele é o estimulador do trabalho, "o conselheiro técnico e artístico". O atelier pode manter permanente exposição das obras realizadas. Os pais, visitando essa exposição e mostrando seu justo orgulho pelas produções dos filhos, evitando qualquer crítica ou interpretação para não tolher a espontaneidade, facilitarão sobremodo a tarefa do professor, que é a de incentivar a autoexpressão.

Há atividades que convêm a todas as crianças. "Ninguém resiste à atração da modelagem", diz Bergson. Igual fascinação exerce a pintura a guache, bem como a flauta de bambu fabricada pelas próprias crianças. Os meninos de oito a doze anos dão preferência ao trabalho de madeira, à fotografia e à montagem de modelos reduzidos. Ambos os sexos se interessam intensamente pela música, pela dança, pelos jogos rítmicos e pela dramatização. O que se deseja, antes de tudo, é desenvolver a fantasia. Que encanto ver as crianças comporem animais simplesmente com jornais velhos e barbantes; ou cabeças de índio, com recortes de jornal, cujas tranças superpostas e pendentes são feitas de tiras de jornais, bem como a barba em caracóis e os enfeites! Num curso pré-vocacional para professores, efeitos maravilhosos eram obtidos com simples recortes de cartolina preta, branca e cinza, com papéis de natureza diferentes e de diversas cores, com tapeçarias ornamentadas com vidrilhos, pedras, areias, palhas e lãs. No Instituto de Educação, há um processo de estudo de formas muito interessante: garrafas comuns, as quais, levadas ao forno de cerâmica, apresentam linhas modernas as mais extravagantes e sugestivas.

O trabalho do atelier deve ser tomado muito a sério, embora vise antes de tudo o prazer de seus freqüentadores. Estrutura forte de disciplina espontânea e atmosfera de recolhimento. Só se fala em voz muito baixa e em caso de extrema necessidade. A criança que se põe a pintar em estado de agitação exterioriza sua agitação e não suas dificuldades latentes. Melhor fora correr antes de entrar na sala até se acalmar e só então iniciar a pintura. É preciso que haja proibição absoluta de intervir no trabalho alheio; que se observe a técnica necessária para cada gênero de trabalho; que se tenda sempre ao acabamento, à perfeição, à beleza e à limpeza.

Ao lado dessa estrutura forte é absoluta a liberdade de expressão; escolha das técnicas, ritmo de execução, escolha do formato do papel, do tema e das cores, se se trata de pintura. Quantas vezes, a criança para, reflete, sonha, dá uma volta, contempla a obra dos companheiros e só então regressa ao seu lugar. Essa pausa não pode ser proibida, pois ela é reclamada pela fadiga, por um início de tédio ou por uma dúvida sobre a capacidade de prosseguir.

A variedade nas oportunidades de trabalho é imprescindível: previne a monotonia e atende à necessidade momentânea da criança. Há pequenos que custam a descobrir aquilo que os apaixona. Também, quando se dá a descoberta, há como que uma eclosão: produz-se uma espécie de embriaguez. Durante algum tempo, só aquilo é que satisfaz. O critério da adequação da atividade será, pois, o da alegria, do interesse da comunidade, daquela expressão de beatitude e de enlevo que caracteriza a euforia.

A expressão artística manual deve equilibrar-se com a dança, o esporte, o ritmo, a dramatização, as excursões, a audição de disco, o canto coral etc.

O atelier visa também à formação do gosto artístico. Por isso mesmo, organiza ele na sala um canto reservado aos documentos de arte. A criança só poderá manusear esses documentos quando tiver as mãos perfeitamente limpas e quando estiver disposta a guardar o mais perfeito silêncio, a fim de permitir a emoção estética e a inspiração. Todavia, a contemplação de modelos — cartões postais, álbuns, quadros — deve ser evitada enquanto perdurar o desejo de cópia e de imitação.

O êxito da Escolinha de Arte reside no estímulo que possa oferecer o animador. É preciso estimular, sem intervir, sem ensinar. O ensino dá facilidade, mas prejudica a inspiração. É mister encorajar a descoberta de novos processos de trabalho e até mesmo de novos materiais. Louvar o esforço dos que encontram uma cor nova na pintura ou um meio original de trabalhar. Não permitir o "mais ou menos", a pressa, a mediocridade, a mudança de atividade antes do término da primeira. Fazer respeitar a ordem estabelecida. Valorizar sem cair no exagero. Não interpretar nem solicitar interpretação dos símbolos empregados. Não dar notas nem selecionar, pois a escolha do mestre é uma limitação à inspiração do aluno. Dizer diante de uma pintura: "Esta árvore está linda" é destacar um elemento em desfavor dos demais e fixar a preferência por aquela determinada forma de apresentação da árvore. Essa reflexão vem empobrecer a imaginação, de vez que a limita. Pedir à criança que faça "um trabalho bonito" já é de certo modo criar angústia ou pelo menos perturbação. A escolha das produções para a exposição é atribuição do aluno e não do mestre.

O contato afetivo do educador com as crianças pode ser em si uma fonte de estímulo incomparável. Participar dos momentos de deslumbramento da pequenada — talvez os mais intensos de sua existência — é criar laços estreitos de amizade que devem ser utilizados para a formação de bons hábitos de vida.

Muitas crianças gostam de presentear o professor com um dos seus trabalhos. Este deve retribuir os presentes. Esplêndida ocasião de manter a confiança na sua capacidade. Sem prestígio ninguém pode exercer influência.

O contato afetivo será muito fácil, se houver no atelier a hora do lanche, pois comer junto aproxima as almas. É esse um momento propício para uma avaliação do esforço despendido e para a troca das impressões de cada um. Pode ser o ensejo para uma oração, uma oferenda a Deus das alegrias vividas. Pode ainda ser o momento da audição de discos melodiosos ou de histórias construtivas. Essa é a hora da integração do brinquedo-trabalho num sistema de valores.

Com efeito, agrada à criança oferecer ao Senhor atos de virtudes sociais cristãs praticadas no atelier: tolerância, respeitando o trabalho dos outros; caridade, cedendo material com delicadeza e boa vontade; humildade, reconhecendo o talento recebido de Deus, mas também aceitando suas limitações e admirando a superioridade dos companheiros; paciência, consigo mesmo e com os outros, quando o trabalho é feito em grupo; solidariedade, animando os colegas desprovidos de talento. A vida espiritual precisa desses estímulos para compensar o sentimento de culpa tão doloroso e tão freqüente na infância malformada e angustiada dos nossos tempos.

Assim a Escolinha de Arte pode vir a ser a um tempo ambiente de criação artística e de aprendizagem, centro de experiências de integração social, e comunidade infantil de intensas vivências cristãs.

VI – A MAGIA DA ESTÓRIA E A LITERATURA INFANTIL

A arte de contar estórias

A narração de *estórias* é técnica recreativa que rivaliza com a música em sua adequação a todos os temperamentos, pois a linguagem é o meio mais importante de comunicação social, de criação e de autoexpressão.

Na hora de dormir, quando a criança e o adolescente dão por encerradas enfim as atividades do dia, é ela, a estória, que acalma e ajusta os conflitos ainda fervilhantes; que afina os sentimentos e reconcilia com os desafetos; que estimula no sentido de atitudes mais razoáveis do que as que foram assumidas no correr do dia. É naquela hora e através da estória que pode ser feito um exame de consciência espontâneo, desde que o narrador tenha qualidades reais de arte capazes de emocionar os ouvintes.

> "Todos nós estamos lembrados, diz Otília Chaves, dessas horas inesquecíveis em que tomávamos o lugar dos heróis que as nossas avós criavam com tanta emoção. Vivíamos

> intensamente os dramas empolgantes que se desenrolavam aos olhos da nossa fantasia. Aprendíamos, naquele estado de hipnose, a ciência das relações humanas. Simpatizávamos com os personagens altruístas, corajosos, ladinos. Odiávamos os maus e todas as formas de maldade."

Foi assim, também, que aprendemos o Evangelho. Com efeito, a mensagem divina, apresentada sob a forma de parábolas, ainda é, hoje em dia, a história que mais nos interessa, que nunca perde o caráter prestigioso de uma realidade próxima da lenda pelos seus lances maravilhosos. Diz Gesell que as histórias da Vida de Jesus nunca enfastiam a imaginação infantil.

Todavia, a história de Jesus não deve ter por fim principal interessar: sua verdadeira finalidade é fazer descobrir uma realidade espiritual, e despertar a Fé e a Caridade. Por isso mesmo deve ser narrada com um tom diferente, com unção e respeito, evitando-se a saturação pelo abuso dos mesmos temas.

A estória, como o exemplo das pessoas queridas, atua como sugestão: a idéia leva à ação e a sugestão acaba se transformando em auto-sugestão. Nas situações reais da vida somos levados a agir de acordo com as experiências vividas nas estórias. Foi por meio de estórias, contadas à noite, que Mamãe Margarida conseguiu disciplinar os "andantes" que seu filho, São João Bosco, recolhia no primeiro asilo que fundara. Os meninos passaram a respeitar os utensílios da casa e não mais se verificaram os roubos dos primeiros tempos. Dessa tradição, nasceu o "Boa-Noite" dos Salesianos, conversa em que o Superior, por meio de estórias, cria nos seus alunos o fascínio pelos belos ideais.

A estória favorece o processo da identificação, tão necessário à formação da personalidade. Dizem os psicólogos que a criança abandonada necessita de, pelo menos, duas estórias por dia!

A estória pertence ao domínio da arte. Sua função é encantar e produzir alegria. Ora, a alegria é geradora de disponibilidade para a imitação do Bem e para a compreensão do Belo. Tudo o que aumenta a felicidade em nós se torna alimento para o espírito; é apelo para novos interesses. Eis como a estória vem a ser fator poderoso do desenvolvimento harmonioso da personalidade.

Através da estória formam-se hábitos de atenção e de autodisciplina. A curiosidade compõe ela própria as atitudes desejadas e fornece o esforço preciso para que a sensibilidade possa saborear a beleza do colorido, a verdade das sensações descritas, a emoção da surpresa final. A linguagem enriquece-se e a criação literária é estimulada.

A magia da estória reside na satisfação do interesse profundo que tem a criança pelas experiências de vida. Essa experiência lhe é apresentada de forma vitalizada. Como na cena, o fato verídico ou inventado é esquematizado. Só aparecem os traços essenciais à composição dos quadros. As personagens falam com sua linguagem própria. A personalidade do narrador empresta-lhes, como o faz o ator, a sua capacidade de interpretação. E a criança participa dessa interpretação. Identifica-se com os heróis. Vive e revive suas aventuras e incorpora-as a seu mundo interior.

Uma criança de seis anos, com quem eu costumava ler em fins de semana uma estória de ursos, me dizia: "Você quando vai para o Rio, não morre de saudades dos ursinhos?"

A estória que mais agrada à criança é aquela que apresenta rapidez na ação. Nada de interpretações supérfluas: apenas ações que se sucedem, todas simples e fortemente ligadas umas às outras. A mente infantil vai seguindo sem retrocessos nem embargos; e o sentimento vai se empolgando. E a própria respiração se contém para não perturbar o ritmo acelerado do pensamento. O desfecho produz como que uma descarga emocional. É a centelha do encantamento que se produziu. Encantamento, magia, euforia, essas as finalidades da estória.

A repetição de palavras mágicas, de frases, de sons, a onomatopéia, são todos fatores de atração. São pausas para descanso da mente aguçada que não quer perder uma só palavra sequer. São como o *leitmotiv* na música, que permite respirar, porque traz um elemento já conhecido.

A estória deve ter encadeamento lógico nos acontecimentos; deve apresentar um assunto único, um estilo simples, mas pitoresco, e um desfecho bem preparado. Cabe à narrativa aumentar gradativamente a curiosidade pelo desfecho, sem jamais revelá-lo. Com efeito, a emoção não será atingida se o fim visado não for habilmente mascarado. A moral da história deve ser implícita: à criança compete deduzi-la e assimilá-la. Certa criança exprimia essa verdade dizendo: "Vovó conta estórias muito bonitas. Mas, no fim, estraga tudo..."

Para que uma estória possa empolgar é preciso que o narrador a possua perfeitamente, a conheça em todos os seus detalhes. Mais ainda. O narrador deve considerá-la como se fosse uma experiência pessoal, como se tivesse vivido. Para tanto, deve ele "se expor à emoção e à poesia da mesma", deixando-se impregnar por aquela magia que ele deseja transmitir. Contar uma estória é comunicar uma emoção, uma sensação patética ou um sentimento de afeto, de medo, de alegria; é determinar uma exaltação por meio da admiração ou do prazer de uma aprendizagem. Por isso mesmo, não devemos contar estórias que não nos agradam.

O início da narrativa deve ser uma evocação interior da sensação primeira ressentida pela leitura da estória, diz Bryant. A composição da fisionomia é importante: olhar perdido no espaço, como se a cena estivesse se desenrolando ao longe e que o olhar fosse buscar as personagens para trazê-las ao público infantil. Impressiona muito um sorriso de mistério que parece contemplar tesouros escondidos. A expressão do rosto e a entonação da voz devem sublinhar a ação de modo a produzir os efeitos desejados. O gesto auxilia a dramatização porque completa a ilusão da realidade.

O narrador deve procurar ver o que conta. Seu esforço maior está na evocação dos fatos e das personagens. Se ele tem capacidade de representar aos seus próprios olhos o que vai contar, as outras qualidades de clareza, de bom-humor, de interesse, de emoção surgirão por si. Uma vez iniciada, a narrativa não deve ser interrompida, pois perderia o seu poder de encantamento.

As crianças devem contar, por seu turno, não só as estórias ouvidas, mas também as estórias por elas compostas. Que alegria para os pequenos! Eles narram com tanta convicção que os contos parecem aventuras pessoais. A expressão da sua fisionomia estampa aquela euforia gerada pela criação.

A narração de estórias pela criança reflete sobre a leitura e sua interpretação. A leitura acaba sendo considerada ela também uma estória. A decifração é logo proscrita e passa-se facilmente ao tipo da leitura direta, isto é, da procura do sentido.

A estória é magnífica fonte de inspiração para o desenho, para o recorte, para a dramatização. É o melhor instrumento para iniciar na redação e na composição literária.

Dos três aos seis anos, no período rítmico e realista, são os seres; e fatos do meio ambiente que interessam pais, irmãos, outras crianças, professores, animais, trens, automóveis, aviões etc. Cenas semelhantes às da vida cotidiana, mas revestidas de certo mistério. Assim, por exemplo, a casa dos anõezinhos tem os elementos da casa comum, porém os atores são personagens de imaginação. São eles os detentores da nota maravilhosa. Como a criança não sente limites à sua capacidade de ilusão, todas as transformações são possíveis: o coche da gata borralheira que surge de uma abóbora, os sapatinhos de vidro, tudo é tão simples de criar! A repetição torna a estória mais dramática. As vozes onomatopaicas satisfazem o gosto do ritmo e da melodia. Os contos burlescos, embora cheios de absurdos, oferecem uma moral prática de grande utilidade. *Os três porquinhos* são a obra-prima do gênero adequado a essa idade porque associam o maravilhoso aos atos da vida comum.

Dos seis aos oito anos verifica-se o período imaginativo, em que a criança procura símbolos para seus conflitos mais profundos. Impera nessa fase o faz-de-conta, o mito, a fábula inverossímil. É a fada, o gênio, a bruxa; são os elfos, os gigantes, os anões as figuras que mais empolgam.

A identificação com príncipes e princesas satisfaz a tendência para o narcisismo; com os seres fantásticos, o desejo de domínio. As estórias absurdas que fazem rir pelas suas incongruências ou as estórias de animais ferozes que metem medo também correspondem à sede de pitoresco e à necessidade de vencer temores. Caso o conto determine angústia, como, por exemplo, medo do lobo, pavor do gigante, é que a angústia já existia anteriormente. Sua eclosão é nesse caso salutar: fixando-se conscientemente num objeto, a angústia latente tende à eliminação. Todavia, convém evitar estórias que aterrorizem ou que deprimam, detalhes de crueldade ou de tristeza, estórias que revelem degradações do ser humano ou injustiças provocadoras de pavor ou de revolta.

É de suma importância habituar a criança a fazer a apreciação das estórias que ouve, a distinguir a verdade da fantasia. Nunca é cedo demais para inculcar atitude ativa em relação à aprendizagem. O sistema da "hora do conto" e da "hora da verdade" contribuiu para estabelecer claramente essa diferenciação. A crítica é faculdade preciosa que leva à independência. O sonhador continuará a crer nas fantasias, malgrado os nossos desmentidos; o realista não deixará de averiguar, por meio de perguntas, onde termina a realidade. O mesmo acontece em relação a Papai Noel. Pode-se alimentar a crença nessa personagem. Porém, assim que surgir a primeira pergunta sobre a veracidade da mesma, cumpre dizer a verdade, é evidente. Quando a pergunta é formulada, a dúvida já existe. É aconselhável que se explique, então, o caráter lendário dessa estória. Trata-se de um símbolo no qual toda criança fixa seus anseios e seus medos. Trata-se também de símbolo de amor à criança, o qual enriquece a atmosfera mística no Natal.

É extremamente educativa a estória inventada pela criança e aquela em que ela termina uma narrativa iniciada pelo adulto. Revelam-se, assim, interesses, dotes e conflitos. Deve ser encorajada a livre expressão a fim de salvaguardar a espontaneidade e o prazer da criação. A estória em que a criança traz sua participação, adivinhando o que vai acontecer, dando a conclusão ou tirando alguma lição para a vida, é processo muito construtivo e revelador de tendências.

Dos nove aos doze anos, registra-se novo período de realidade; mas, desta vez, é ele dirigido para o heroísmo, a ciência, a aventura, a conquista, a exploração da natureza. Nessa fase, a estória volta a ser muito necessária. Exerce ação profunda e formadora. Infelizmente é a estória de bandidos, cruel e violenta, que mais explora a tendência para a bravura. O tema do índio é prestigioso, pois que esta é a idade em que os meninos procuram fazer cavernas no quintal e organizar ataques simulados de tribos ferozes. As estórias folclóricas estão obtendo grande sucesso, principalmente quando são entremeadas de cantos.

Dos doze aos quinze anos, é a aventura que interessa, a estória de guerra, de aviação ou de esporte, bem como a narrativa de viagem. As biografias dos grandes homens e, em especial, a vida de certos santos, oferecem excelente tema, quando bem escolhidas, para satisfazer a sede de conhecimento das grandezas da alma humana. Mas, no período romântico, dos quinze aos dezoito, é o romance que seduz, a história sentimental, comovedora e íntima.

A estória paralela

No período da infância e da meninice, a "estória paralela" tem um grande valor educativo. Ela procura atingir um problema por via indireta, apresentando um tema semelhante àquele que está afligindo a criança.

André Berge refere o seguinte exemplo de cura pela estória paralela:

> Certo menino de 4 anos tomara-se de ódio por Zizi, menina de dois anos e meio. O dia inteiro só falava em furar os olhos da Zizi, de cortá-la em pedacinhos, de jogá-la no rio Sena. Essa crueldade obsessiva originava-se do ciúme da irmãzinha, a qual tinha exatamente a idade da Zizi. A transferência de ódio permitia que tivesse as melhores disposições para com a caçula.
>
> Um dia, aventurou-se a pôr em execução os seus projetos, pois, até ali, a perversidade era tão somente verbal. Atirou fora as meias da pequena. Esse ato concreto de hostilidade requeria uma intervenção da parte dos adultos.
>
> Fazer raciocinar? De nada adiantaria. Ao contrário. A censura aumentaria o sentimento de culpa. Tratava-se é de fazer aceitar a irmãzinha, pois o caso da Zizi representava um conflito artificial. Recorreu-se, então, à terapêutica da estória. Eis a narrativa que foi escolhida:
>
> "Um jovem príncipe reinava numa ilha maravilhosa, cujos jardins encantados produziam as mais belas flores e os frutos mais suculentos. Os habitantes amavam ao seu soberano e o cercavam de carinho.
>
> Um dia, entretanto, um naufrágio atirou à praia uma princesinha, a qual passou a viver escondida, com a cumplicidade de alguns indígenas, alimentando-se daquelas frutas sucu-

lentas. O príncipe soube do fato. Louco de raiva, resolveu imediatamente mandar procurar aquela que estava roubando suas flores maravilhosas e suas frutas, para condená-la à morte. Aconteceu, porém, que, passeando nos seus domínios, ouviu gritos desesperados chamando por socorro. Levado pela sua coragem precipitou-se n'água e viu uma moça em luta com um monstro marinho. Puxando da espada, o príncipe transpassou valentemente o monstro e trouxe para o palácio a jovem (que era exatamente a princesa); oferecendo-lhe proteção e generosa hospitalidade. Toda a população da ilha, encantada, aclamou a coragem do seu príncipe e passou a dedicar-lhe mais amor ainda do que pelo passado. E a princesinha sentiu-se feliz por ter encontrado tão corajoso e tão gentil protetor.

Ao fim da estória, o menino exclama: "Sabem, vou furar os olhos da Zizi", demonstrando que sua sensibilidade fora atingida. Ninguém comentou a observação e os dias se passaram. O menino ainda teve uma manifestação de hostilidade: estraçalhou, aos olhos dos adultos que felizmente souberam ficar indiferentes, uma boneca de pano, símbolo para ele da Zizi, isto é, da irmãzinha, sua rival.

Mas, ao cabo de algum tempo, voltando de um passeio, uma tarde, disse: "Sabem, tenho uma nova amiga, a Zizi. Ela é amiga de nós todos". E daí por diante, dissiparam-se a perversidade e o ciúme. É que o menino aprendera o meio de suportar a penosa realidade que o obrigava a dividir com a irmã o carinho e os mimos da família.

"A vida da criança é feita de renúncias sucessivas, as quais se tornam necessárias para aceder às satisfações da idade seguinte". Ora, a estória paralela presta grande auxílio no ensinamento da atitude a ser tomada em cada encruzilhada, em cada fase de transição.

A estória através da vida

Dos 18 anos em diante desabrocha o período altruísta; a estória que empolga é a que apresenta o sacrifício em favor de outrem — estória dos benfeitores da humanidade, dos mártires, dos missionários. É significativo o êxito alcançado por livros como *Caçadores de Micróbios*, Mme. Curie, *Nos Subterrâneos da Rússia* etc.

A estória continuará ainda a nos ser contada pela vida afora. Não será mais à cabeceira da cama ou ao pé da lareira. Virá como romance, poesia, peça de teatro, reportagem, novela, notícia de jornal. Mas, qualquer que seja sua forma, o que procuramos nela? Uns — e eles são legião, desgraçadamente — buscam o estímulo para sensações de prazer físico apenas. Outros procuram elevação e renúncia. Todos procuramos na estória aquilo que gostaríamos de ser.

A novela de rádio é hoje uma das maiores forças de educação popular. Ela atua sobre o sentimento e empolga a imaginação. Traduz-se quase que infalivelmente em comportamento. Sua força de sugestão reside na valorização da voz, nos efeitos da sonorização, nos temas escolhidos. Esses temas são, infelizmente, os do sentimentalismo pueril e do materialismo mais grosseiro. Instigam à satisfação dos impulsos instintivos. Apregoam indulgência para com o adultério. Raramente exaltam as virtudes da fidelidade, da renúncia, do desinteresse. Assim é que temos na novela de rádio uma escola das mais operantes de dissolução social.

A reportagem de crimes, acentuando os detalhes da crueldade e divulgando os sentimentos pervertidos, é outra fonte de dissolução dos costumes. A mente débil e predisposta à delinqüência resiste mal ao impacto da sugestão. É arrastada a imitar. Assim se explica a repetição dos mesmos gestos nos suicídios e nos crimes que, às vezes, se alastram como surtos epidêmicos.

Que força assombrosa teriam os educadores se pudessem influir nessas técnicas modernas do progresso e da civilização, organizando programas de formação cívica e cultural, promovendo o pleno rendimento individual pela apresentação de ideais significativos! A fórmula da história adquiriu um novo prestígio; urge empregá-la para a felicidade dos povos e não para a sua ruína.

Nunca é tarde demais para aprender a contar e a ouvir estórias modeladoras de uma nova mentalidade.

O livro completa a estória e com ele forma uma "unidade" recreativa.

O critério de um bom livro infantil é o de atuar favoravelmente sobre os sentimentos, produzindo emoções que modifiquem o "centro íntimo da vida". Essas modificações determinadas pelo entusiasmo, pela exaltação, pela euforia, levam a criança a realizações significativas, graças aos mecanismos da imitação e da identificação. Por isso mesmo, deve se considerar afortunado o povo, diz Jesualdo, que possui uma literatura infantil capaz de produzir aquelas emoções e aquela exaltação que formam um lastro nacional de unidade espiritual feito de confiança nas possibilidades do país e de seus homens.

Todos os gêneros literários deveriam visar a essa influência profunda.

O conto moral e religioso poderia exaltar os apóstolos da nacionalidade. Assim, por exemplo, no Brasil, Anchieta, o evangelizador, em face do índio, é tema esplêndido para alimentar, de norte a sul, o culto pelo herói. O adolescente, que anseia pelo feito espetacular, poderia encontrar naquela personalidade empolgante, que enfrentou a selvageria apenas com as armas da santidade, objeto para sua tendência ao culto dos grandes. As dramáticas aventuras dos Bandeirantes já têm sido exploradas, bem como o tema do índio. O romance histórico apresenta obras interessantes capazes de influenciar beneficamente nossa mocidade. O folclore, com suas estórias de animais, suas lendas grandiosas e seus contos alados de poesia, vem felizmente despertando imenso interesse. A ficção, geradora de entusiasmos marcantes, não produziu ainda entre nós figuras como a de Ulisses, de Guilherme Tell, dos Mosqueteiros, de D. Quixote, que serão eternamente "escolares". Essa uma das grandes lacunas da nossa literatura infantil, pois a ela incumbe nutrir a criança de tradição. O amor à terra natal é força integradora que motiva sonhos de heroísmo.

Toda criança gosta de ler. Desde cedo ela muito se diverte manuseando revistas coloridas e álbuns ilustrados. O caso de desinteresse pelo livro representa anomalia que precisa ser estudada. Os pais deveriam ler livros para a criança ouvir. Esta, por seu turno, deveria ler para os pais. Essa experiência vivida em conjunto desperta interesse duradouro. Em via de regra a criança dá preferência àquelas atividades recreativas que melhor executa. Quem lê bem e depressa gosta de ler, principalmente livros que dão pasto à imaginação e à sensibilidade ou que trazem elementos para maior sucesso profissional ou social. O recreacionista deveria saber corrigir vícios de leitura a fim de remediar o desinteresse pelos livros, pois a leitura é dos passatempos mais úteis quando bem orientada. As estórias contadas nas bibliotecas infantis podem corrigir essas deficiências e suscitar vocações de leitores. Em certa ocasião, a criança é desviada da leitura porque se deixa empolgar por uma atividade que absorve todas as suas energias; em outras, sofre de preguiça mental ou não teve ocasião de encontrar o livro fascinante capaz de fixar para sempre o hábito da leitura. Mas todas essas situações são fáceis de ser remediadas.

Hoje em dia, a criança descobre muito cedo que

> "a aventura mais interessante é a performance autêntica, realizada por homens que labutaram, correram riscos, embora, às vezes, não tenham chegado aos seus fins".

Assim, em França, o autor mais lido pela mocidade é Saint-Exupéry, o poeta da aviação. Os exploradores e os santos continuam a desfrutar prestígio, porque seus feitos têm uma grandeza que atua como um apelo. A adolescência quer livros que apresentem ideais grandiosos, porém, acessíveis.

A narração de viagens interessa mais pelo que ela contém de biografia do que propriamente pelo estudo dos costumes. A biografia é sempre objeto de predileção, tanto na adolescência quanto na idade adulta.

A criança gosta mais do livro que acaba bem. Ela aceita o sofrimento e o medo, contanto que a impressão final seja de satisfação. Ela gosta também do livro engraçado. O cômico, para a criança, é o fato já integrado na sua experiência apresentado de modo anormal. O que é absurdo para o adulto pode não o ser para a criança. Um boneco grotesco pode assustar ao invés de divertir. É preciso, pois, cautela na escolha dos livros divertidos.

Acima de tudo, a criança é sensível ao que é belo. Portanto, deve haver o máximo cuidado nas ilustrações, na apresentação do livro, na composição do texto. Um carinho especial deveria ser dispensado também à estante de livros, à biblioteca infantil. A decoração de uma biblioteca pode agir como sedução permanente. A orientação de leitura, imprescindível no período formativo, encontra na beleza do ambiente um elemento que predispõe à aceitação de um conselho relativo à escolha a fazer.

O silêncio da biblioteca favorece o prazer da leitura e repousa da vida em grupo. Faz saborear as virtudes da solidão, dá asas à fantasia, leva ao exame das virtualidades pessoais não aproveitadas, cultiva o ser interior.

O clube de leitura completa a atuação da biblioteca infantil. Ler é um hábito que se adquire; necessita de treino e de estímulo. O clube suscita o interesse pelo livro e forma o gosto literário. No clube de leitura são lidas páginas selecionadas pelos leitores; são anotados os pensamentos originais; são analisadas as obras significativas. O debate a respeito do valor de um livro é trabalho mental dos mais indicados para a formação do critério pessoal.

A exemplo do cine-fórum, o clube de leitura incentiva uma atitude ativa na leitura. Assim, o indivíduo aprende a defender-se do prestígio da letra impressa, adquirindo independência de pensamento e autocontrole na adesão afetiva. No debate, o leitor toma consciência de si próprio, tem razão de sua identificação com as personagens discutidas ou de sua oposição às mesmas. Toma gosto pela análise dos estados de alma sutis e delicados e, em conseqüência, afirma seus sentimentos.

O clube de leitura é interessante até mesmo para o adulto. Escolher um livro é mais difícil que escolher uma jóia. Não há hoje técnicos até para aconselhar a respeito de batom e de pó-de-arroz? Por que não recorrer aos especialistas para bem aproveitar as horas de lazer que a vida nos concede?

A estória em quadrinhos

A leitura é meio essencial da aprendizagem intelectual e o instrumento mais comum da compreensão. Mas exige esforço e paciência.

Ora, a técnica da leitura vem sendo, hoje em dia, seriamente prejudicada pelas excitações do romance policial ou da novela sentimental e sensacionalista. Dos oito aos dezoito anos, o jovem é fortemente atraído pelas estórias em quadrinhos, em razão da multidão de imagens que fornece, bem como das emoções violentas e sonhos fantásticos que determinam. O espírito que vive no estado de expectativa ansiosa por essas incitações brutais não pode mais registrar, é óbvio, a palavra neutra num texto comum, nem tão pouco a ortografia ou a pontuação, e ainda menos idéias pacatas e moralizadoras, de franco poder evocativo.

A estória em quadrinhos vicia o próprio processo da leitura. Os olhos, ávidos, percorrem as imagens. O texto, quando não logra impressionar, é escamoteado. Esse processo puramente ideovisual não tem correlação com a palavra; nem é submetido a uma verificação, por mais ligeira, de compreensão. São unicamente as imagens que são registradas. A unidade texto-imagens é uma solução de facilidade mais perigosa do que se crê. Só atua sobre a emoção; não traz estímulo intelectual. Não favorece a reflexão sobre o conteúdo. Seu mecanismo é do nível mental mais primitivo: evoca apenas movimentos, emoções, contrastes violentos. A força sugestiva da apresentação, a arte de fixar a atenção obsedante dos mesmos temas, a violência dos feitos espetaculares do "mocinho", do super-homem, do bandido, do detetive, do vilão, do conquistador brutal, é um mundo cruel mas atraente para o jovem sequioso de compensar as limitações frustradoras da vida cotidiana.

O leitor desse gênero de literatura torna-se insensível às nuanças. Contenta-se com a percepção global, instantânea e superficial.

A estória em quadrinhos lança mão dos processos do reclame. Sua influência estabelece a ditadura das reações instintivas. O poder da censura enfraquece. O jovem vive a vida rocambolesca das personagens com as quais se identifica; procura-as depois no rádio, no cinema, na televisão. Sonha com elas através da rotina do dia. O trabalho escolar torna-se em conseqüência fastidioso. Como pode uma imaginação efervescente se deter num problema que lhe exige esforço quando está habituado a recolher da leitura apenas palavras mágicas que podem servir de asas à sua fabulação? A palavra do mestre sofre desprestígio no cotejo inconsciente a que está exposta com a palavra valorizada do rádio e da tela. Dificilmente atinge a afetividade do jovem. Essa a razão principal por que o mestre vive hoje o drama do desinteresse dos seus alunos pelo ensino formal! É que a própria imagem da realidade decorre dessas técnicas recreativas excitantes. A desatenção no estudo, a insensibilidade a quanto for alheio ao mundo da ficção, a incapacidade de um esforço perseverante são motivadas pela concorrência das atividades extra-escolares sensacionalistas.

A evasão pela leitura de estórias em quadrinhos traz compensação, é bem verdade: as sensações violentas ou o sentimentalismo pueril aliviam certas crianças e mesmo certos adultos nos seus impulsos agressivos. É fato também que esse gênero pode ser incentivo para a aquisição de vocabulário. Haja vista o famoso *Tintim*, do desenhista belga Hergé, que atinge na Europa uma tiragem de dez milhões de exemplares. O herói é um rapazinho tão esperto que leva a melhor aos mais finos detectives. Acompanhado de um cão adestrado, realiza aventuras em que os bandidos, antipáticos e repelentes, são sempre castigados. Tintim e seus amigos encarnam a lealdade, o destemor, a malícia, a alegria. O mundo em que se desenrolam seus romances são autênticos nos menores detalhes, o que lhes dá um sabor delicioso de verdade. O valor de Tintim é fornecer um jornal ilustrado isento de perigos morais e que desenvolve o espírito de observação, pois os pequeninos detalhes têm preponderância na trama das histórias.

Todavia, de modo geral, essas compensações, por um lado, não satisfazem plenamente às exigências afetivas e, por outro, determinam divórcio da realidade, estagnação, senão regresso no desenvolvimento do espírito devido a intensa inibição em relação ao esforço moral.

Para desabituar o menino da leitura de estórias em quadrinhos, cumpre formar-lhe o espírito crítico. "Você já leu tal jornalzinho. Agora experimenta ler este outro e diga-me o que você acha dele. Tenho a impressão de que você já está bastante desenvolvido para poder escolher o melhor, para ver qual deles é superior e para adotar aquele que for mais útil à sua formação..." De nada valeria confiscar ou esconder os jornaizinhos nocivos. Os pequenos encontrariam sempre meios de arranjá-los e de devorá-los com duplicada avidez.

O rendimento escolar tem sofrido uma baixa assustadora em conseqüência do excesso e da má escolha não só da estória em quadrinhos, mas dos excitantes extra-escolares em geral. Não bastaria agora melhorar a qualidade do ensino e seus programas. A grande tarefa de hoje é melhorar a qualidade dos programas das técnicas recreativas, e determinar qual a justa medida no emprego das mesmas.

Leituras recreativas

A leitura recreativa, aquela que visa ostensivamente instruir ou educar, é o gênero literário que melhor influência exerce no indivíduo. Para a criança, é esse o melhor meio de exercer os mecanismos aprendidos na escola e de penetrar nos círculos desconhecidos da vida.

O livro recreativo desperta interesses adormecidos; cultiva sem esforço; afina a sensibilidade. Mas, para tal, é preciso que o indivíduo seja capaz de distinguir entre o belo e o medíocre, entre o pernicioso e o construtivo e não se deixe levar apenas pela sedução do título dos livros.

Quando se chega a formar critério elevado e judicioso, a leitura é esplêndido instrumento de alta cultura.

Na orientação de leitura, deve predominar a preocupação de coordenar temas e princípios. Não tendo ainda opinião formada, o julgamento da criança não pode ser exposto à confusão que sempre determinam idéias e sentimentos contraditórios.

Cumpre, pois, ir integrando as leituras em núcleos sistematizadores.

O assunto do livro recreativo deve ser primeiro a vida diária levemente colorida por situações maravilhosas; depois a ficção, a aventura, o romance.

Durante todo o período do desenvolvimento, diz Adler, a criança carrega consigo mesma forte sentimento de inferioridade nas suas relações para com os pais e com os adultos: "Eles sabem tudo e tudo podem", pensa com mágoa. Deles depende nas menores coisas. O futuro para ela vem a ser, por isso mesmo, o mundo que deverá lhe proporcionar todas aquelas faculdades e aqueles conhecimentos que ardentemente cobiça. Para elevar-se ao prestígio dos pais todo-poderosos, ela deixa, então, audaciosamente, o terreno sólido da realidade para emaranhar-se nas teias do fictício. É o fictício que restabelece o equilíbrio no seu estado de permanente conflito. Explica-se assim por que a criança procura se transformar naquilo que ela deseja ser e por que se cria o drama das duas personalidades, a real e a fictícia. Esse drama subsiste anos a fio, como se fora um jogo interior, à cata de emoções capazes de satisfazer a afetividade dolorida pela ineficiência referente. O sonho acordado é hábito que se desenvolve principalmente nos internatos, como corretivo à penúria das exteriorizações.

Compensar por intermédio da ficção é salutar quando não se torna obsessão. Conta-nos Giraudoux de como conseguia evadir-se da realidade e qual o seu devaneio costumeiro.

> "Malgrado a fiscalização, (achava-se num colégio interno) eu havia conseguido afastar minha cama da parede a fim de poder dormir, a meu bel-prazer, num submarino, ou numa jangada ou numa ilha. Mas, ao deixar o colégio, pensei no meu sucessor que não havia de querer enfrentar o risco de tempestades e quiçá da morte. Suprimi, então, todo o oceano. E empurrei a cama pura junto da parede".

O livro de ficção é, pois, uma necessidade, porque auxilia o processo compensatório, facilitando a evasão e provocando as sensações fortes sempre tão almejadas.

> "Em face do livro, a criança observa, imita e transpõe", diz Jesualdo. "Como ela pensa por meio de imagens e não de raciocínios, a idéia que lhe traz a leitura impulsiona fortemente ao ato, ao movimento, à emoção. Daí a tendência a dramatizar o que foi lido. As sutilezas não interessam. É a aventura exata que fascina. Os ornatos de colorido, de forma ou de sonoridade enfastiam. No romance, são escamoteadas as descrições de paisagens, quando elas não vêm feitas de um só traço".

"Evocações fortes e rápidas, palavras enérgicas e simples, finura e não requinte", eis o que a criança procura. Homero é o poeta ideal para a mocidade. Seus mitos correspondem à necessidade profunda de projetar temores e tristezas, angústias e afeição. Suas aventuras não são banais: favorecem a evasão no tempo e no espaço. Satisfazem o gosto pelo exotismo, a atração pela ilha perdida no oceano, pela caverna e pelas moradas misteriosas, e, ao mesmo tempo, pelo sabor da autenticidade. Esse também, o prestígio de Júlio Verne, de Emílio Salgari, de Monteiro Lobato. Dante, Cervantes, Shakespeare foram adaptados à mentalidade juvenil em razão dessas mesmas qualidades. Embora difícil, sua leitura deve ser aconselhada, pois a mente da criança possui extraordinária capacidade de adaptação.

O livro não deve, todavia, servir de refúgio para os tímidos. Aprender a ler antes de ter assimilado a técnica do convívio social é favorecer o hábito da fuga do grupo.

Conheci um menino de nove anos que lia com uma rapidez incrível, igual à dos técnicos em leitura (*expert-readers*). Porém, não sabia brincar, não tinha habilidade manual, não gostava de conversar, vivia isolado, devorando grossos volumes, curvadinho, fisionomia tensa, alheio ao mundo, numa atitude de velho. Nada mais tinha de criança, nem mesmo o prazer da gulodice!

Quanto piores as condições de vista ou a capacidade de socialização, mais freqüente se processará a evasão pela leitura, especialmente no período da adolescência. Os pais rejubilam-se. No entanto a obsessão da leitura é muitas vezes indício de desajustamento. Pode ser tão prejudicial quanto o descaso pelo livro.

As técnicas modernas suscitam o interesse da criança pelos problemas da atualidade. Assim é que vêm aparecendo, na literatura infantil, as questões morais e sociais palpitantes, e, sobretudo, esse sentimento de fraternidade humana, de solidarismo cristão que caracteriza nossos grandes movimentos de recuperação social.

AS MELHORES ESTÓRIAS
ATÉ 6 ANOS

CAVANAH, Francis:

— *A girafa feliz* — Melhoramentos.

— *O circo dos ursinhos* — Melhoramentos.

DEIHL, Edna Gross:

— *O cãozinho cabeçudo* — Melhoramentos.

— *O coelhinho manhoso* — Melhoramentos.

— *O gatinho cabeçudo* — Melhoramentos.

— *O pintinho cabeçudo* — Melhoramentos.

— *O porquinho dorminhoco* — Melhoramentos.

— *A galinha ruiva* — Melhoramentos.

DISNEY, Walt:

— *Os sete anõezinhos encontram seu lar* — Trad. M. T. C. Giacomi. Edições Vecchi.

— *Josefina, a girafinha.*

GIACOMI, Maria Tereza Cunha:

— *Bitu, o carneirinho sujo* — Melhoramentos.

HOGAN, Inês:

— *Os dois cangurus* — Melhoramentos.

— *Os dois elefantes* — Melhoramentos.

— *Os dois ursinhos* — Melhoramentos.

— *Os dois veadinhos* — Melhoramentos.

— *O burrinho sabido* — Melhoramentos.

— *O cordeirinho tímido* — Melhoramentos.

LARA, P.:

— *O sonho de Pancha* — Melhoramentos.

LEITE, Marieta:

— *Pituchinha* — Oliveira.

LOURENÇO, Filho:

— *Tio Damião* — Melhoramentos.

— *A Baianinha* — Melhoramentos.

— *A Formiguinha* — Melhoramentos.

— *No circo* — Melhoramentos.

— *Totó* — Melhoramentos.

MILLER, Egen Nielsen:

— *História muda de dois peixes.*

NENHURYS:

— *Branquinho e chocolate viajam* — Melhoramentos.

OESTERHELD:

— *O cãozinho trabalhador.*

— *O gatinho valente.*

— *O leãozinho negociante.*

OLIVEIRA, Alaíde Lisboa de:

— *A bonequinha preta* — Francisco Alves.

— *O bonequinho doce* — Francisco Alves.

R. I. C., Ethel:

— O melhor lugar do mundo — Melhoramentos.

ROSSELLX, Golette:

— *A 1.a história de Suzana* — Melhoramentos.

— *A 2.a história de Suzana* — Melhoramentos.

WILLYS, Fritz:

— *Âmbar* — Melhoramentos.

ZIMMERMAN, Nasma:

— *A floresta adormecida* — Melhoramentos.

DE 6 A 8 ANOS

ANDERSEN:

— *O patinho feio* — Melhoramentos.

BRYANT, Sarah:

— *A baleia e o elefante.*

— *A galinha esperta.*

BURTON, Virgínia Lee:

— *A casinha* — Melhoramentos.

DISNEY, Walt:

— *Mimoso, o carneirinho preto.*

EDIÇÕES PAULINAS:

— *Marcelino pão e vinho.*

— *João XXIII.*

GIÁCOMI, Maria Tereza Cunha:

— *O burrinho verde.*

— *Rique-roque, o ratinho sonhador.*

GRIMM:

— *O gato de botas.*

— *O lobo e os 7 cabritinhos.*

— *A mesa mágica.*

— *O valente alfaiatezinho.*

HAYES, Gilmore:

— *Violeta, a foca amestrada.*

PADILHA, Gilda de Figueiredo:

— *O pintinho vadio* — Melhoramentos.

SAYNE, Enny:

— *A bolsa de D. Catarina* — Melhoramentos.

REY, H.:

— *Bing arranja emprego* — Melhoramentos.

— *Bing curioso* — Melhoramentos.

— *A girafa e os macaquinhos* — Melhoramentos.

— *O Papa mosca Peri* — Melhoramentos.

REY, Margaret:

— *O cachorrinho* — Melhoramentos.

MATTS, Mabel:

— *As aventuras de Pica-Pau.*

— *Carteira da Floresta.*

MC. SAVAGE, FRANK E ARMSTRONG:

– *As aventuras do Pica-Pau soltando fogos* – Melhoramentos.

– *Susa, a cordeirinha* – Melhoramentos.

OFÉLIA E NARBAL

– *Precisa-se de um rei.*

VERÍSSIMO

– *Gente e bichos* (5 estórias separadas

DE 9 A 10 ANOS

ALMEIDA, Lúcia Machado:

– *Atiria, a borboleta Brasileira.*

– *Mistério do pólo.*

– *Na região dos peixes* – Fosforescente.

– *No fundo do mar* – Fosforescente.

ANDERSEN – Contos de Andersen:

– Novos contos de Andersen (Adaptação do Monteiro Lobato) – Brasiliense.

DUPRÉ, Leandro Saraiva:

– *A mina de ouro* – Saraiva.

– *O cachorrinho Samba* – Saraiva.

– *O cachorrinho Samba na Bahia* – Saraiva.

– *O cachorrinho Samba na floresta* – Saraiva.

– *A montanha encantada* – Saraiva.

GIÁCOMI, Maria Tereza Cunha:

– *O pinheiro da floresta.*

GRIMM:

– *Contos de Grimm* (Adaptação por Maria Sob.) – Melhoramentos.

– *A mulher do pescador.*

LEITE, Adelina Cerqueira:

– *Peixoto aprende a falar.*

– *Porque o Jabuti anda devagar.*

MONTEIRO LOBATO:
– *Caçadas de Pedrinho.*
– *Histórias diversas.*
– *Histórias da Tia Anastácia.*
– *Peter Pan.*
– *O picapau amarelo.*
– *Reinações de Narizinho.*
– *Viagem da Céu.*
PERRAULT:
– *Contos de fadas* (Adaptação de Monteiro Lobato) – Brasiliense.
SALTEN:
– *Félix* – Melhoramentos.
– *Bambi* – Melhoramentos.

VII – A RECREAÇÃO SUPERVISIONADA

O jardim de infância

O Jardim, de Infância é uma instituição típica de educação pela recreação. Com efeito, a vida da comunidade infantil é ali constituída de atividades que correspondem aos interesses profundos do pré-escolar. E como a infância é toda ela orientada para o movimento e para o jogo, a dominante do jardim é a atividade recreativa. Através do jogo, obtém-se excelentemente a formação daquelas atitudes que favorecem o pleno desenvolvimento da personalidade.

A finalidade primacial do Jardim de Infância é obter conformação da personalidade infantil com os padrões de cultura. Para realizá-la sem provocar recalques, é necessário criar oportunidades constantes de sublimação dos impulsos, de renúncias instintivas, por meio do estímulo e da iniciativa. Ora, as renúncias em grupo são muito mais suportáveis do que vividas individualmente. Basta ver a diferença do comportamento infantil em casa e na escola. As crianças educam-se reciprocamente porque se identificam uma com as outras e formam uma unidade contra a educação autoritária ou a favor da educação dentro da liberdade.

Outra preocupação da jardineira é a de libertar a criança da tutela da família e do adulto em geral. Às vezes, os conflitos familiares são transferidos para o jardim. O educador deve saber distinguir atitudes assumidas "por tabela" e conservar-se neutro, auxiliando a criança a resolver suas dificuldades. Aqui também o melhor auxílio é aquele que incrementa as forças volitivas, levando gradualmente à auto-suficiência.

O vestiário já é o vestíbulo em que se aprende independência: tirar casacos, pôr avental sozinhos; guardar seus pertences; escovar os dentes; lavar as mãos. Concomitantemente, pode ser cultivado também o desejo de ser útil, prestando auxílio aos menores, por exemplo.

Na classe, reina liberdade. A escolha do material de brinquedo obedece ao grau de capacidade; sua utilização é individual, o que permite um trabalho de acordo com o ritmo de cada um.

Embora a atmosfera do Jardim procure reproduzir o mais possível a da família de afeição, de calma, de respeito mútuo, de confiança — é mais fácil ali a aprendizagem de bons hábitos. Numa coletividade, a criança deixa de ser o centro do interesse dos adultos. O grupo impõe suas leis. Quem as infringe, sofre muitas vezes as conseqüências do seu erro sem que seja necessário recorrer à punição.

Certa vez, um pequeno de cinco anos jogou no copo de leite do companheiro pedacinhos de papel picado, ocasionando protestos em altos brados. Calmamente, a jardineira troca os copos, explicando: "O Raulzinho não gosta de leite com papel picado. Fica você com esse copo..." Esse o castigo ideal: o que decorre do próprio erro, o que faz reverter o mal sobre o seu autor!

A socialização da criança precisa ser cuidadosamente planejada. Um grupo de pequenos pode muito bem viver junto meses a fio sem que haja interação alguma. Assim muitas crianças conversam em grupo monologando e não dialogando. Nem sempre atividade coletiva significa experiência social. Pode haver simples justaposição ao invés de real cooperação. Por isso mesmo é mister haver atividades de real participação. Cada qual terá dessarte oportunidades freqüentes de ser elogiado pela sua capacidade de cooperação. O sucesso nas relações infantis deve merecer da professora a aprovação mais exaltada.

Ao Jardim de Infância cumpre desenvolver o senso de responsabilidade. Nos jogos, cada qual tem sua função. O resultado do conjunto depende do esforço individual. Todo trabalho, uma vez iniciado, tem de ser concluído; a continuidade exige perseverança, elemento que inicia na prática do dever.

Para que a recreação não perca o seu caráter, devem as atividades ser livremente aceitas. Ora, no jardim, mesmo as atividades dirigidas são apresentadas como jogos e, por isso, se tornam atraentes. As atividades de livre escolha têm seus limites marcados pelas exigências da vida em comum. Liberdade, nessas condições, é auto-educação. A criança descobre logo que, para ser bem aceita, precisa ser amável e cordata, saber esperar a sua vez e controlar-se quando contrariada; ceder quando necessário e colaborar sempre que solicitada. A rebeldia traz uma segregação temporária da coletividade, não como punição, mas para favorecer a reflexão e a calma. Logo que volte a possibilidade de comportamento adequado, é facultado o regresso ao grupo, sem que tenha havido humilhação nem censura. A auto-educação dá o gosto pelo esforço.

O Jardim de Infância usa, de preferência, o jogo-trabalho, o qual facilita a transição delicada do brinquedo puro para o esforço. Possui também uma série de jogos educativos, cujo valor reside na possibilidade de a criança achar sozinha os seus erros. A educação sensorial, obtida com esses jogos, é completada com as observações da natureza, dirigidas pela jardineira sob a forma de estórias, de jogos ou de excursões. São esses os passos que conduzem à aprendizagem.

A conversa com o grupo inteiro e as narrativas de estórias são talvez os momentos mais preciosos de formação; desenvolvem singularmente as faculdades da atenção e do raciocínio, a memória e a expressão, o espírito de observação e o interesse pela palavra.

Os brinquedos cantados apresentam a vantagem de associar o jogo ao canto coletivo, e, às vezes, à estória. Seu valor é tanto maior quanto mais extensa for a margem de criação reservada à criança na execução do jogo. São eles extremamente socializadores, quando propostos pela pequenada, respeitada a recusa de participação dos isolacionistas. Além da alegria provocada pelo ritmo, do romance e do movimento, oferecem ensejo para a expressão de dificuldades e de anseios íntimos.

Certa menina, filha única, de seis anos de idade, entrou para um Jardim de Infância do interior. A maior atração da escola para ela era a "roda". "A roda tem tanta menina", dizia ela, "que vai até a estrada federal" (a 2 km de distância!). Sua imaginação aumentava o tamanho da roda, levada pelo desejo de compensar o isolamento de sua vida familiar. "Eu gosto da roda", acrescentava ela, "porque a gente pode dar a mão." Para sua timidez, era essa uma forma confortável de contato humano sem perigo de evidência individual. Há no brinquedo cantado o sentido do grupo acobertando as expansões pessoais. Há nele ainda outro fator de excelência: permite uma variedade infinita de atividades cada qual com suas oportunidades diferentes para o desenvolvimento de habilidades.

> "Há a roda simples, diz Inezil, que é, não raro, o primeiro passo para a socialização, e há as rodas dramatizadas. Há as rodas que contam uma estória, como Teresinha de Jesus. Há os brinquedos de marcha, como o Marcha Soldado, tão popular porque torna acessível uma figura que atemoriza a criança. Há os brinquedos de pegar que favorecem a correria, como *Vamos passear no bosque* e há os de esconder que suscitam a dramaticidade, como *Senhora D. Sancha!* Nos brinquedos de grupos opostos como *O pobre e o Rico*, há uma vaga idéia de competição que agrada e estimula".

O brinquedo cantado é um ensejo agradável e acessível de vida em grupo: cativa a maioria das crianças, porque favorece uma expansão veemente dentro do mais discreto anonimato. Nesse ensaio informal de vida em grupo, a criança aprende princípios essenciais de boas relações humanas: o esforço de um reverte em benefício do conjunto; o direito individual desaparece ante o direito do vizinho; a obediência às regras do jogo traz simpatia e aceitação por parte dos companheiros, ao passo que a insubmissão é atitude repelida que resulta em exclusão e isolamento.

Os trabalhos manuais contribuem decididamente para a formação do espírito. "É pela mão que se forma o espírito", dizia Montessori. Froebel já recomendava o treinamento das mãos, pois ocupar as mãos e o corpo é um dos instintos do ser humano. O trabalho manual requer lógica, habilidade, precisão, hábito da comparação, senso estético.

A tecelagem é, dentre os trabalhos manuais, um dos mais estabilizadores. Tecer é ocupação calmante que convém especialmente aos agitados e traumatizados. Consegue concentrar a atenção dos mais instáveis. Traz à realidade os sonhadores e dissociados. Distrai os entediados e desinteressados. Pela associação de cores que se harmonizam contribui para desenvolver o gosto artístico. Dá segurança pela satisfação que trazem os resultados obtidos. Como dançar, como modelar, tecer corresponde a um instinto. O gesto primitivo do entrelaçamento de fios estimula a invenção e a habilidade, a continuidade no esforço, a preocupação do acabamento perfeito. A tecelagem não deve ser limitada às atividades de Jardim de Infância. É um fator de fixação que tem o dom de estabilizar a insegurança. É técnica psicoterápica de grande eficiência, para ambos os sexos, aplicada também a delinqüentes e débeis mentais.

Os recortes, vitrais, feltro, mosaico; a gravura — papel, metal, linóleo, madeira; a estamparia; a escultura — madeira, sementes, pedras moles, sabonete, casca de coco; os tipos primitivos de impressão; eis ainda modalidades de trabalho manual criador que podem ter início no Jardim de Infância, desenvolvendo-se depois na escola primária e fixando-se algumas delas na adolescência como ocupações que podem se tornar passatempos construtivos na vida de adulto.

As demais atividades do jardim tendem todas à formação integral da personalidade; a ginástica, principalmente a rítmica, automatiza reflexos e facilita obediência; o canto, a audição de discos e a dança formam o ouvido e o gosto pela música; a bandinha exalta a confiança em si pela beleza dos resultados; a jardinagem e as atividades com a água coordenam movimentos e revelam as maravilhas da natureza; a dramatização libera das frustrações, facilita as identificações necessárias e cultiva a imaginação; as atividades tranqüilas, como enfiar pérolas e outras, favorecem a concentração e cultivam o ser interior. Enfim, as artes plásticas, picturais e musicais ensinam a ver e a observar, a manipular e a escolher, a associar a inteligência a todos os atos da vida prática.

O gosto pelas ocupações domésticas encontra no Jardim de Infância processos fáceis de expansão. A casinha de boneca dá ensejo a atividades de arrumação de casa, vestimenta e trato das bonecas, recepção de visitas, cozinha, lavagem e passagem de roupa. Quanta aprendizagem espontânea! E quanto desenvolvimento dos sentimentos de solidariedade, delicadeza e engenhosidade! É de ver o tom das conversas infantis, a preocupação de reproduzir os gestos e as expressões dos adultos! A casinha de boneca ou o canto das bonecas é um laboratório de ensaios de vida familiar e social dos mais preciosos.

Cabe ainda ao Jardim de Infância dar hábitos de vida religiosa. Com efeito, em educação, importa não só desenvolver o espírito em eclosão, mas sobretudo formar o coração da criança, influir sobre seus sentimentos para com os outros, impregnar sua alma de sobrenatural, levando-a a viver na vizinhança de Deus. Anotar o que os coleguinhas fazem de louvável para contar à professora é iniciar na caridade. Levar flores à capela ou brincar com turíbulos incensando um tabernáculo são atividades que despertam o sentido da fé. Além disso, pode-se ter na sala, ao alcance dos olhos, um espaço reservado para a hora da oração — a capelinha ou oratório. As festas e os tempos litúrgicos devem ser celebrados de modo a suscitar a participação ativa da criança: ornamentar a estátua de Nossa Senhora ou de São José nos meses de maio ou de março; colocar um fundo roxo no crucifixo durante a quaresma; armar um presépio nas proximidades do Natal; confeccionar símbolos da Eucaristia, oferecer dádivas ao Senhor Jesus etc.

Enquanto a criança muda as flores dos vasos ou imagina meios sugestivos de comemorar as festas da Igreja, está cultivando o sentimento religioso, está vivendo a presença de Deus.

O Jardim de Infância é o meio de desenvolvimento integral da personalidade infantil quando oferecer vivências, que, além de estimular a iniciativa e de formar a vontade, ensinam a arte de sublimar e levam eficazmente à liberação.

Transição crítica do jardim para a escola

Aos sete anos, a criança ainda não possui o sentido de equipe. Cabra-cega é um dos seus brinquedos favoritos: traduz baixo nível de cooperação. As brigas no jogo são freqüentes. O pequeno, irritado, abandona os companheiros sob o pretexto, que nem sempre é verdadeiro, de roubalheira. Nessa idade, entretanto, aparecem as primeiras preocupações de ética: "Isso não vale. Isso é o direito".

O menino de sete anos tem duas tendências contraditórias: a do sonho e a da atividade. Fica horas a fio ouvindo rádio, absorto. Quando desenha, repete muito o mesmo tema, da mesma forma, o que nem sempre exprime pobreza de imaginação. Procura descobrir a causa dos fenômenos que o intrigam, embora ainda se deixe encantar pela estória maravilhosa.

A tendência à atividade explode em determinados momentos. Agita-se então febrilmente. Dá cambalhotas. Luta. Arrasta os pés. Grita pelo prazer de ouvir sua voz. Brinca de ladrão, de soldado, de animal feroz. Trepa em árvores. A menina salta na corda.

Assim é que os de sete anos oscilam constantemente entre o sonho e o recolhimento.

Na escola, é grande sua dificuldade de adaptação. O sonho os solicita e também os solicita imperiosa turbulência. Por isso mesmo, o primeiro ano da escola primária deveria atender às exigências dessa fase contraditória. O trabalho manual assenta o espírito irrequieto. A carpintaria apaixona especialmente os meninos. O serrote alcança ainda mais sucesso que o martelo e os pregos. As meninas preferem a pintura, a modelagem e o gesso com aparência de cerâmica. Ambos os sexos anseiam pelos meios de expressão cultivados nas Escolinhas de Arte, os quais correspondem admiravelmente à atitude de investigação e de auto-afirmação que levam à redescoberta e à descarga emocional. Talvez esse o momento da infância em que a criança mais precisa de alegria e de realizações que lhe mantenham a confiança em si. Essa a fase em que precisa de professora carinhosa que lhe saiba o nome, que o agrade e o proteja contra o desânimo gerado pelos primeiros fracassos escolares.

A deficiência de recreio na escola

A escola tem, hoje em dia, grande dificuldade de fixar a atenção da criança de nível econômico razoável. Tudo para ela parece fastidioso. É tal a pletora de brinquedos caros, de programas espetaculares de rádio e de televisão, que a classe, com sua situação artificial, não a pode mais empolgar, é evidente. Por outro lado, os locais de recreação são exíguos. Ora, quando superlotados, os recreios anulam as virtudes educativas do jogo. O que se verifica, então, são atividades excitantes, dissipadoras. Pecam, nesse caso, as escolas, não só por malbaratarem um tempo precioso, como também pelas frustrações que geram naquelas crianças que não puderam expandir toda sua necessidade de brincar. Ademais, o brinquedo coletivo poderia ser intenso elemento de fixação e de socialização, corrigindo as deficiências da sala de aula. E, finalmente, nunca é demais repetir que o brinquedo não é um prêmio, é um direito da criança.

Nos recreios sem supervisão adequada é fácil criarem-se situações de hostilidade: apelidos humilhantes, exclusão brutal dos doentes, dos incapazes, dos tímidos, dos fracos, daqueles exatamente que mais precisam da terapêutica do jogo. É fácil fugirem ao brinquedo os meninos que têm proibição de "se misturarem" com os outros, cujos pais temem as brigas, os estragos nas roupas, as contusões, a imitação de maus modos. Dá-se também o retraimento daqueles que têm medo dos maiores ou que não dispõem de companheiros certos.

A escola não deveria, pois, prescindir de bons locais de recreio, de tempo disponível para o jogo e de uma recreacionista que viesse tirar o melhor partido possível dos terrenos de jogo e das horas livres dos educandos.

O recreacionista, com efeito, é um agente imprescindível e privilegiado de formação da personalidade. Sua ação, quando eficiente, aumenta consideravelmente o rendimento escolar porque liberta os educandos dos conflitos que provocam aquelas inibições que marcam estacionamentos no desenvolvimento intelectual. O recreio bem dirigido constitui renovação de forças mentais, além de agir como "lixa psicológica", que lima as arestas dos temperamentos agressivos.

É nas idades de oito, nove e dez anos que meninos e meninas diferem mais nos seus interesses no jogo. Jogos de combate de um lado; de outro, jogos de família, de cerimônia em que se revela o desejo de agradar. Daí a conveniência nos colégios mistos, de recreios separados por sexo nessas idades.

Dos nove aos doze anos, os jogos de bola superam quase todos os demais. Entretanto, os meninos gostam também, dos nove aos doze anos, de competição de corrida e de ocupações que exigem habilidade, como a de desmontar e de montar rádios, bicicletas, campainhas elétricas, da arte da fotografia e de trabalhos de madeira. Os cursos por correspondência de rádio e de eletricidade têm tido um êxito surpreendente, bem como os de aeromodelismo.

As meninas pré-adolescentes mostram pendor para as danças populares, para as dramatizações que representam a realidade, para a cozinha e a costura.

É de grande importância evitar, nos recreios como na ginástica, a exibição excessiva das formas do corpo. Assim, os uniformes de ginástica muito justos e reduzidos são perigosos. Quando se trata de elementos do mesmo sexo, o componente homossexual que dormita em todos nós pode ser despertado. Quando há espectadores do outro sexo, a provocação sexual é quase fatal. Os alunos que se consideram fisicamente privilegiados correm o risco de quererem se exibir e experimentam então a volúpia da nudez.

Ora, o pudor é um fator precioso de civilização. É também um atrativo essencial do amor físico:

> "O segredo, diz Steckel, tem uma função importante na vida psíquica dos homens. Se privarmos a juventude de um segredo, ela procurará outro".

Cumpre ao recreacionista cultivar a delicadeza em relação a esse aspecto vital da educação.

A função recreativa das atividades extraclasse

As atividades extraclasse, isto é, aquelas que se realizam fora do ambiente formal das salas de aula e que não fazem parte do currículo, constituem uma recreação de tipo sociocultural das mais adequadas à vida de estudante. Seu papel é de iniciar dentro da escola atividades que possam ser desenvolvidas fora da escola.

As olimpíadas na antigüidade, a representação dos Mistérios durante a Idade Média, os torneios oratórios na Renascença são mostras que testemunham a existência, desde tempos remotos, dessas ocupações tão formativas, paralelas à vida escolar.

Hoje em dia, com a adoção mais generalizada da Orientação Educacional, que preconiza o autogoverno dos estudantes e a prática ampla das atividades extraclasse, florescem os grêmios e os corais, os clubes de leitura e os cine-fóruns, os bailes e as representações teatrais, as maratonas e os campeonatos, os clubes dramáticos a os centros recreativos. O teatro do estudante evidenciou as culminâncias de arte a que podem chegar essas iniciativas.

A Associação de Pais e Mestres, na Inglaterra, reconhecendo esse valor profundo do trabalho voluntário dos escolares, resolveu organizar uma exposição permanente das melhores produções a fim de incentivar pais e mestres a voltarem suas vistas para esse problema. A ocupação do lazer foi assim equiparada, de certo modo, à tarefa escolar. Até mesmo certos diretores de escola passaram a julgar das aptidões dos alunos não só pela sua habilidade de prestar exames brilhantes, mas também pela sua capacidade de organizar o lazer de forma a cultivar interesses múltiplos sem prejuízo do rendimento escolar. Já se foi o tempo em que o ideal para um aluno era ter o primeiro lugar em todas as matérias! Hoje em dia, admite-se que não é só o livro que cultiva.

Sacrificar ocasionalmente horas de estudo para organizar um coro falado ou uma dramatização, ouvir um bom concerto ou assistir a uma bela peça de teatro, participar de uma excursão bem planejada ou da visita a uma fábrica, é certamente favorecer a formação tão necessária da parte não intelectual do espírito.

A atitude do educador, em face das atividades desse gênero, deve ser, pois, a de acolhida e de apoio. Elas não dispensam um orientador, pois que, sendo de caráter voluntário, necessitam de estímulo para manter a continuidade. Além disso, atividade extraclasse não deve absorver por demais o tempo do aluno; necessita, por isso, de controle discreto. A ação do orientador evita a indisciplina, bem como previne as experiências medíocres ou inúteis.

A atividade extraclasse desenvolve o senso de responsabilidade e aquelas atitudes indispensáveis ao êxito de um empreendimento comunitário. É excelente forma de educação do senso social e de preparação para a vida.

> "Não sendo o ajustamento social estático, mas sim mutável e relativo, cumpre proporcionar ao educando constantes ocasiões de readaptação."

Disse Adler com muito acerto:

> "Todos os erros da infância e da idade adulta, todos os traços de caráter defeituosos, todas as dificuldades de relações têm por origem uma falta de sentimento social".

Ora, a vida de classe não fornece oportunidades suficientes para esse aspecto da educação essencial ao ajustamento do indivíduo. A escola completa seu programa, facilitando ao aluno essa outra forma de educação, senão mais, pelo menos tão importante quanto a primeira.

As atividades extraclasse são a oportunidade por excelência da educação do senso social. Quanto esforço suplementar e voluntário não exigem do aluno a publicação de uma revista escolar, a organização de uma sessão cinematográfica, um programa de revista teatral, a disputa de uma taça ou uma campanha de caridade?! É principalmente através dessas atividades que se desenvolvem a liderança e o sentido da recreação construtiva.

Certa vez, num colégio de moças, procedeu-se à seleção da melhor aluna para receber um prêmio de viagem. Ora, as três primeiras alunas da turma mais adiantada possuíam todas uma personalidade unilateral. Dedicavam-se unicamente ao estudo. As próprias companheiras, quando a elas se referiam, diziam: "Sofrem todas do tal complexo de primeiras da turma". A menina escolhida, a quarta colocada, embora estudiosa, achava tempo para uma série de atividades interessantes: aperfeiçoava o inglês numa sociedade cultural; tocava acordeom e cantava, possuindo fino repertório; era boa narradora e excelente jogadora de voleibol. Era bandeirante e não faltava às reuniões. Sua popularidade entre as colegas demonstrava facilidade de adaptação e mentalidade de serviço. Exercia influência decisiva em torno dela e, todo ano, era reeleita representante da turma.

Entrevistada sobre suas experiências escolares, confessou:

> "Foi no teatrinho do colégio que venci a timidez. Foi no Grêmio que me habituei a falar de improviso e a redigir de maneira a interessar. E foi no nosso cineclube que me formei na apreciação dos valores de vida. Aprendi a organizar o meu dia de modo a poder completar o estudo, que aliás me interessa, com atividades que me dão grande alegria pelo convívio mais íntimo com minhas amigas. Criar alguma coisa em equipe desenvolve a solidariedade".

Essa é uma história bastante conhecida. Diretores de colégio e professores sabem que a atividade extraclasse identifica o aluno com mestres e companheiros; desenvolve as potencialidades latentes; é fonte daquela alegria inconfundível que traz a aceitação pelo grupo; enfim, integra na escola e faz suportar até mesmo os possíveis fracassos escolares.

A prova da influência marcante que deixam as atividades extraclasse são as memórias que delas se conservam. A lembrança da rotina da classe esmaece. Mas, aqueles risos dos grupos que trabalhavam com ardor, o deslumbramento das criações e a sensação de importância por serem os chefes de equipe levados a sério pela administração escolar, são vivências que têm repercussão profunda na vida de adulto. Essas experiências atuam com eficácia na formação de virtudes sociais, como a diplomacia, a lealdade, o autocontrole, a honestidade, a gentileza, o senso de responsabilidade.

A multiplicidade das atividades extraclasse é necessária. Via de regra, elas só são exeqüíveis em pequenos grupos. Correspondem a necessidades muito peculiares de determinados elementos, os quais se agregam em virtude do mesmo gênero de anseio.

O exemplo desses crentes tem salutar repercussão na escola inteira. Um educandário cheio de cartazes anunciando atividades socioculturais e recreativas é como uma paróquia ou um clube cobertos de avisos das funções de seus argumentos: índice de vida, expressão de integração dos seus membros, sinal de interesse dos dirigentes.

O contato pessoal tem grande valor de formação. A cada encontro, verifica-se em nós como que um movimento ascensional, um despertar de forças espirituais ou então uma queda, uma concessão às forças dos baixos apetites. Assim, a relação humana dentro do espírito de jogo exerce maior atuação que o rádio, o cinema, o livro. Importa, pois, exercer a influência humana adequadamente. Importa saber escolher os seus grupos. "Diga-me com quem andas e dir-te-ei o valor que tens." Nas atividades extraclasse, em torno de um trabalho comunitário que exige idealismo, congregam-se quase sempre valores que se completam. É ali que se criam, em via de regra, sólidas amizades para a vida.

A assistência de um professor capaz à atividade extraclasse não visa só evitar fracassos ou indisciplina; visa principalmente aproveitar tão preciosa oportunidade para exercer influência e guiar no trabalho de aperfeiçoamento de atitudes. Sua presença traz o estímulo para um comportamento dentro da mais perfeita ética e do rendimento mais eficiente possível.

Escolham-se, pois, para orientadores de atividades extraclasse, personalidades bem ajustadas que eduquem especialmente pelo que elas são. Trata-se de dar lições de vida e não lições de moral.

Escolher bons orientadores para a vida extraclasse de uma escola é assegurar humanismo através dos lazeres.

As atividades extraclasse podem ser meio de eficiente preparo para uma vida social cristã. Estimulando a iniciativa e permitindo amplo exercício do esforço, da generosidade e do entusiasmo, facilitam a atitude correta, bem como o anseio do trabalho bem feito e da perfeição no comportamento. Habituam ao sacrifício em prol do bem comum. Ensinam a mandar sem autoritarismo e a obedecer sem passividade. Levam a aceitar encargos trabalhosos sem vaidade e a renunciar a posições honrosas sem despeito. Obrigam ao respeito do trabalho alheio, à amabilidade para com os colegas e ao desejo de proporcionar-lhes bem-estar e alegria. Não só desenvolvem os talentos pessoais já evidenciados, mas auxiliam na descoberta de novos interesses, os quais podem vir a ser passatempo útil para a vida de adulto.

Ora, essas qualidades constituem a base mesma da vida cristã. Bastará o orientador informar as atividades extraclasse com um espírito sobrenatural e estará realizando obra sólida de educação espiritual. Os ideais elevados vividos por um mestre são assimilados pelos discípulos com muito maior rapidez que os exemplos propostos pelo mesmo. Assim é que os patronatos puderam ter influência considerável na formação do nosso povo: a recreação, a cargo de personalidades de escol, foi para eles o meio de impregnar os jovens e adultos dos princípios de vida cristã.

Recreação extrafamiliar e extra-escolar

Os grupos de brinquedo e de recreação extrafamiliares e extra-escolares são muito necessários. Os pais proíbem o jogo da rua, porque temem os maus costumes, as expressões grosseiras, os maus modos.

Entretanto, as vantagens do brinquedo em grupo são muito maiores que os perigos oferecidos pela convivência com a "molecada", em via de regra. "O pior risco para uma criança, já ficou dito, é o risco de não ter sido exposta a nenhum risco." A criança deve estar informada dos mistérios da vida, informação essa dada, se possível, pela mãe até à puberdade, e, pelo pai, ao menino adolescente; deve saber repudiar aquilo que é contra a moral ou as boas maneiras. O jogo de rua precisa ser supervisionado, é claro, pelo menos por algum elemento mais velho do grupo. As ruas-de-recreio é medida que demonstra crença no valor da recreação.

Como controlar o brinquedo de rua ou de *playground* dos edifícios de apartamento? Os pais podem habituar os filhos a contarem suas experiências recreativas. Estabeleça-se a hora do comentário das atividades do dia, em que a criança revele sem constrangimento a atitude dos companheiros. É tarefa simples, então, levá-la à apreciação do que deve evitar e do que deve cultivar.

O déficit de jogo é mal que pode infelicitar a vida de adulto. Certa vez, num clube de mães, a assistente social encarregada do grupo lembrou-se de fazer um inquérito para saber se as atividades do clube correspondiam aos desejos das freqüentadoras. Qual não foi sua surpresa quando verificou que a maior parte das assistidas declarou:

"Queremos brincar. Casamo-nos muito cedo e tivemos logo responsabilidades muito pesadas. Nunca pudemos satisfazer a vontade de brincar".

Decidiram, então, fazer um programa exclusivamente recreativo. Por incrível que pareça, aquelas mães de família puseram-se a brincar de roda, satisfazendo as aspirações frustradas na infância. Só depois de se terem divertido durante algum tempo como crianças é que pediram para reencetar os cursos interrompidos de psicopedagogia, de corte e costura e de arranjos caseiros.

Quanto maior o abandono em que a criança vive em casa, maiores oportunidades deve ela ter de freqüentar grupos variados de brinquedo.

Há famílias beneméritas que fazem do seu lar como que um centro de recreação. Porta aberta aos companheiros dos filhos da casa. O barulho não incomoda. O trabalho suplementar de limpeza e de supervisão são amplamente compensados pela alegria daqueles rostinhos esfogueados, iluminados pela satisfação do jogo em grupo, exaltados pela amizade. Que merecimento, o desses recreacionistas voluntários que facilitam aos jovens a livre expansão dos seus pensamentos, de suas emoções e de suas energias!

A escola poderia incentivar as mães a formarem assim centros de encontros para grupos de brinquedos e de estudo. Se houvesse rodízio nessas reuniões, isto é, se, a cada dia da semana, o encontro fosse em casa diferente, a riqueza de experiências ainda seria maior para os componentes dos grupos. As festas de aniversário de crianças, não fossem elas tão formais, já seriam um excelente ensaio dessas reuniões infantis que tanto facilitam a integração social da criança e da juventude.

O parque de recreação

O Parque de Recreação oferece as possibilidades mais variadas de atividades recreativas. Quase todos têm o seu Recanto Infantil ou Jardim de Infância, para os pequeninos. Para os maiores, há, segundo os locais, a ginástica feminina moderna, o ballet aquático, a cultura física, o escotismo. Há ainda a confecção e a representação de marionetes e de fantoches, a declamação, o coral, o teatro e as dramatizações. Os esportes são muito populares. A biblioteca e a discoteca contam leitores e ouvintes de todas as idades, inclusive os pais dos freqüentadores dos Parques. Os jogos são supervisionados por instrutores especializados. A banda juvenil atrai a muitos, bem como a tipografia e os cursos noturnos para adultos.

O Parque de Recreação tem atuado como fator de recuperação de elementos conhecidos como desordeiros, no bairro. Certo rapaz de 17 anos, fichado na polícia, tornou-se o vigia voluntário de um Parque. Em dia de festa, cabia a ele o trabalho de policiamento. E o serviço era perfeito.

A finalidade do Parque não é só distrair os seus freqüentadores. É desenvolvê-los física, intelectual, social e moralmente. Os aparelhos — o *playground* — é apenas chamariz para atrair a quem passa. Mas, uma vez esgotado o fascínio dos balanços ou do escorrega, da gangorra ou do "trepa-trepa", os amadores procuram jogos e atividades organizadas.

É então que a ação do recreacionista se faz sentir.

A supervisão consiste na criação de oportunidades para aquelas vivências almejadas pela educação moderna.

O pequeno é atraído pelos grupos. É seduzido pela alegria das realizações. Em breve, ele revela suas preferências e suas aptidões. Assim, o freqüentador de um Parque não encontra fórmulas de distração, mas é solicitado pela própria vida do Parque a trazer sua contribuição, a atuar como líder, a dirigir grupos ou a participar de iniciativas em curso. O professor ali está como uma presença, um estímulo, uma testemunha. Age também como um exemplo, exemplo do adulto que se diverte. Evita o tédio, o excesso de competição, a hostilidade para com determinados elementos desajustados. Educa pelo que ele é, mais do que pelo que ensina.

Sendo livre a freqüência, os grupos são, via de regra, ocasionais. Por isso, devem ser extremamente flexíveis os programas. Quando os instrutores são entusiasmados e competentes, a freqüência da meninada se torna estável. A idéia dominante das atividades deve ser sempre a do brinquedo-trabalho, embora as realizações exijam, não raro, esforço e pertinácia.

A ação educativa do Parque desenvolve-se principalmente através dos líderes, dos comitês, das associações, e a propósito da organização das festas e solenidades. O Centro Cívico pode organizar sessões esplêndidas, comemorativas de datas e feitos representativos. As competições esportivas, o aniversário do Parque, o Dia das Mães e o dos Pais, o encerramento das atividades, São João, a Primavera, Natal, dão ensejo a planejamentos que envolvem toda a população do Parque. O teatro e o campo de esporte tornam-se terreno de encontros animados entre professores e jovens, estimulando iniciativas e atividades. O espírito de equipe consolida-se. Os pais são chamados a cooperar. E o Parque se torna o campo de recreação da comunidade, realizando o milagre da aproximação efetiva das diversas classes sociais, desviando as crianças da rua, suprimindo as possibilidades de delinqüência e estabilizando aquelas personalidades que anseiam por derivativos compensadores.

O Parque de Recreação é uma das melhores soluções para "promover o bem-estar social e elevar o nível cultural da comunidade", diz Ruth Gouveia.

Felizmente, o Brasil já possui uma pequena rede de Parques nos quais se tem verificado um sem número de casos de recuperação de adolescentes, a par do trabalho de prevenção e de tratamento de desajustamentos de toda natureza. Sua ação tem sido tão decisiva que alguns deles fizeram baixar, espetacularmente, o índice de delinqüência infanto-juvenil.

Todavia, em face do número assustador de quadrilhas de adolescentes-bandidos, esses Parques deveriam ser multiplicados e dotados de pessoal altamente qualificado.

VIII – LAZERES CONSTRUTIVOS A MÚSICA ATRAVÉS DA VIDA

A música interessa mais que qualquer outra atividade, com a dança que lhe é complemento. Suas possibilidades são infinitas. Trata-se de uma linguagem universal, pois quase todo ser humano é dotado musicalmente. Ouvir, praticar, compor, são formas riquíssimas de explorar o mundo da melodia e do ritmo. Os recreacionistas nunca chegarão a esgotar os recursos desse meio formador por excelência. O valor da música reside nas suas possibilidades multiformes de expressão. Tem ela o poder de arrancar o indivíduo de dentro de si e da rotina de sua vida para levá-lo às culminâncias da euforia, proporcionando à alma emoções profundas de alegria e de arte. Pela música vivemos os sentimentos que o compositor ou o povo exprimiu nas produções culturais ou no folclore. Essa comunhão de sentimentos, essa experiência da quinta-essência da beleza contribui para a estabilidade emocional e, por conseguinte, para a felicidade.

Os pais devem despertar nos filhos a sensibilidade musical desde muito cedo, cantando e demonstrando encanto pela música.

Com efeito, a música produz efeitos utilíssimos em educação. A berceuse, como a música plangente, tem efeito sedativo. A melodia alegre e cantante é uma festa para a alma e desperta para a ação. O que é preciso é cantar e fazer cantar. Se o menino é desafinado, ninguém deve criticar-lhe a voz. É raro, todavia, no Brasil, aparecer uma criança que não tenha o sentido do ritmo e não seja musicalmente bem dotada. Há brinquedos que facilitam a prática das atividades rítmicas, como sejam os chocalhos, os pandeiros, os bombos, os guizos em combinações variadas, os cocos, os copos de galalite etc. Onde houver toca-discos, podem ser usados discos selecionados para as diferentes idades. Evitem-se, entretanto, sons estridentes, rádio alto, certas músicas excitantes que incomodam e fazem chorar o bebê. Schweitzer narra o quanto o perturbava, na meninice, determinada música do folclore. Já Platão proscrevia as músicas enervantes dizendo que elas enfraqueciam as crianças e as impossibilitavam de suportar a carga da vida.

> "A música é o único domínio em que a criança de dez ou doze anos reage como um adulto em face de obras-primas, demonstrando as mesmas possibilidades mentais e emotivas", diz Souriau.

Por isso, não é contra-indicado incentivarmos os pré-adolescentes à apreciação de Bach ou de Beethoven, de Mozart ou de Rachmaninoff.

A música corresponde a uma necessidade irreprimível de sonho. A criança de sete anos, por exemplo, pode ficar longos momentos imóvel, ouvindo discos de boa música.

LISTA DE DISCOS DE MÚSICAS POPULARES BRASILEIRAS

(Organizada por Maria Augusta Joppert)

Aquarela do Brasil — Ari Barroso.

Na baixa do sapateiro — Ari Barroso.

Risque — Ari Barroso.

Terra Seca — Ari Barroso.

Ari Barroso e Dorival Caymi — L. P, Odeon.

Dorival Caymi e seu violão — L, P. Odeon n.° 3093

Dorival Caymi e o mar — L. P. Odeon.

Música de Eduardo Souto com Mario de Azevedo — SLP n.° 1759 (Sinter).

A música de Nazaré para você dançar, c/ Mario de Azevedo — SLP 1734

Músicas de E. Nazaré — por Radamés Gnatalli.

Apanhei de cavaquinho — E. Nazaré por Ademir Fonseca. Brejeiro (tango) — E. Nazaré.

Odeon (tango) — E. Nazaré.

Linda flor (Iaiá de Ioiô) — Henrique Vogeler.

Bentevi atrevido (choro) — Lina Pesce.

Tico-tico no fubá (choro) — Zequinha de Abreu.

Não me toques (choro) — Zequinha de Abreu.

Cidade maravilhosa (marcha) — André Filho.

Rio de Janeiro

No meu pé de serra (baião).

Brasileirinho (choro).

Delicado (baião).

Taí (baião).

Chuá, chuá (canção).

Maringá (canção).

Urubu malandro (canção).

Prenda minha (canção folclórica gaúcha).

Os brasileiros na Europa — Trio Irakitan — MOFB 3029: Odeon.

Músicas diversas — Trio Irakitan — MOFB — 3030. Brasília ritmos — Trio Irakitan — MOFB — 3094.

Dos seis aos sessenta anos — Trio Irakitan.

Músicas diversas — Trio Irakitan — BWA — 1005 — Odeon.

Fon-jon e sua orquestra — IMP 70.000.

Inezita Barroso — CLP 3005.

Inezita apresenta cinco compositores brasileiros. Estellinha Egg — L. P.

O Mestre Filo apresenta a Lyra de Xopotó — SLP 1707 (Sinter).

A Lyra de Xopotó no Arraial de Santo Antônio — SLP 1736 (Sinter).

Alice Ribeiro interpreta Mignone e José Siqueira — SLP 1508.

Rasco Mariz em canções brasileiras de câmara — SLP 1509.

Catulo — o poeta do sertão — Paulo Tapajós — SLP 1709.

Um encontro com Vanja Orico — SLP 1735.

Vanja Orico em ritmos de nossa terra — SLP 1740.

Valsas da saudade — Lyra de Xopotó — SLP 1761.

Valsas de esquina — F. Mignone rom Arnaldo Estreia.

Músicas de Nepomuceno — Orq. Sinfônica Brasileira — Festa LDR 5014 (Prêmio Nacional do Disco de 1959).

Anhanguera — Hekel Tavares — *Coro e orquestra* — L. P. *André de Leão e o demônio dos cabelos encarnados* — Hekel Tavares.

Antologia de Música brasileira erudita — Volume I — Sinopse — A. Estreia.

Antologia de Música brasileira erudita — Volume II — Valsas — A. Estreia — Discos "Festa" — L. P.

Entre *ouvir* música e *fazer* música vai um mundo de diferença.

Ouvir música já é uma atividade de altas qualidades terapêuticas: é calmante, pois relaxa a tensão dos nervos; é inspiração e satisfaz a necessidade que temos de beleza; é cultura, pois desenvolve o senso estético; é distração, porque transporta para um mundo ideal e dá prazer imediato; é excelente agente socializador, pois facilita contatos humanos agradáveis; é enfim, a ocupação ideal para as horas de lazer, pois que exerce benéfica influência espiritual. Mas, quando a música é criação, ela gera a imensa felicidade da invenção e do senso de realização significativa; ela é, pois, uma auto-afirmação porque dá voz aos sentimentos que não sabem ou não ousam se definir.

Trazemos em nós uma força que nos impele irresistivelmente para a arte. Depois da necessidade do bem-estar físico, o gozo da arte é um fim em si. A música está ligada à emoção: exprime aquilo que todas as outras artes combinadas não podem exprimir. Nosso corpo, nosso sistema nervoso é tão sensível à música que ela pode fazer chorar até os homens mais fortes. A música contribui assim para o equilíbrio emocional; influencia no sentido de uma boa atitude para com a vida. Traz harmonia, estabilidade e integração.

Os recém-nascidos são extremamente sensíveis ao ritmo. Eis por que embalar o berço e cantar baixinho para fazer dormir diminuem a necessidade de chupar o dedo ou a chupeta, melhoram o sentido do equilíbrio e aliviam o temor inato de cair. As cantigas de embalar trazem sono à criança e satisfazem sua necessidade de estímulos.

O ritmo é excelente meio de preparar a aprendizagem da música. Pular na ponta dos pés, engatinhar, bater palmas, imitar os saltos dos animais, o movimento do balanço, do galope, da marcha, dos saltos, das curvaturas, são processos que usam a um tempo os elementos básicos da música e da expressão. O ritmo pode ser sublinhado por meio do piano, do pandeiro ou das palmas. Dessa forma, a música é aprendida através do movimento.

A bandinha rítmica, que pode ser praticada até o segundo ano primário, é das grandes descobertas pedagógicas. A criança deve poder explorar primeiro as possibilidades sonoras dos instrumentos de percussão. Depois dessa fase de descoberta e de aprendizagem do modo de usar cada um deles, a criança suporta ficar em silêncio enquanto os outros tocam, pois o que passou a interessá-la é o efeito do conjunto, é a criação em grupo. A bandinha, como a dramatização, não deve ter momento marcado no horário escolar: deve aparecer como resultante das atividades, em razão de uma solicitação do grupo. Não deve excluir a ninguém, mesmo que, para tal, seja necessário estabelecer o rodízio.

Quando a música é realizada por uma coletividade, além de proporcionar uma alegria sadia, atua como força disciplinadora, pois nenhuma outra atividade de grupo exige maior soma de controle do poder pessoal; cria solidariedade e tolerância; é fator de relaxamento dos nervos, de descanso, de harmonia interior. O coral alivia a tensão, dá coragem ao tímido; melhora até a gagueira em certos casos. Produzir sua própria voz é afirmar-se, é marcar o seu lugar no grupo.

A música não é só formadora do sentimento. Ela atua sobre ele, soberanamente. Assim, é usada nos hospitais com real sucesso. Os médicos receitam Bach como se fora um sedativo. E Bach calma a agitação e ameniza o mau-humor. Para curar uma crise de tristeza, diz Souriau, usa-se da seguinte técnica: Primeiro, toca-se uma música triste, a fim de "nutrir" a melancolia, sensibilizando a criança. Depois, virá uma música embriagadora para desviar o tédio; em seguida uma música ritmada e desenvolta; só depois dessa seqüência é que se chega à música alegre. Nesse momento, a crise está debelada e o pequeno já não pensa mais senão em brincar.

A música é ainda companhia para a solidão. Satisfaz um mundo de anseios confusos. Há indivíduos musicalizados a ponto de ouvir dentro de si constantemente suas melodias prediletas. Esse é um grande recurso para distrair e acalmar as mil formas da angústia moderna que tanto receia o encontro a sós com o eu! A meditação alimentada pela música é, via de regra, mais fácil e mais profunda. Pintura, modelagem, cerâmica beneficiam-se igualmente da música, como elemento inspirador de motivos, graças à exaltação da imaginação.

A criança que goza de liberdade e de estímulo é levada a compor e conserva sua originalidade. Acha meios próprios de cantar, de dançar, de utilizar os instrumentos musicais. Afina seu corpo pelas melodias que lhe explodem dentro da alma. As faculdades criadoras se expandem poderosamente, já que não sofrem nem constrangimento nem excessos de sugestão.

Entretanto, à medida que a criança vai se adiantando na escola primária, seus dotes artísticos vão diminuindo, tanto para a música quanto para o desenho e a pintura. Explica-se a decadência da espontaneidade pela preocupação crescente com as técnicas e o desejo de conformismo, de um lado; e, de outro, pela da escola de estimular a iniciativa da originalidade de cada um de seus alunos.

O senso crítico ao desenvolver-se cria inibições. Cumpre ao professor, ao recreacionista sobretudo, levar a criança a uma autocrítica construtiva, valorizando suas produções e mostrando que a inspiração é também fruto de labor e de perseverança.

Evite-se, todavia, o exibicionismo. A criança deve ser primeiro que tudo bem ajustada e depois artista. Salientar indiscretamente um dote excepcional é colocar o valor do talento acima do valor da criança. Dê-se mais importância ao grupo e menos ao indivíduo. Com efeito, nos grupos de crianças e de adolescentes "deve reinar muito mais a idéia do nós do que a idéia, do eu; o temperamento artístico incensado pode criar o álibi infantil tão prejudicial à integração no meio ambiente".

Eis como podem ser resumidas as sugestões a serem dadas a pais e professores com referência à educação musical:

Orientações para os pais

Propagar o mais possível a idéia de que o brasileiro é um povo musical, possuindo extraordinário sentimento de ritmo; por conseguinte, é muito raro encontrar uma criança que não seja bem dotada para a música.

Explicar aos pais que a música é um entretenimento que dá grande prazer; é um elemento de socialização, harmonizando os grupos que se juntam para cantar ou ouvir cantar; é um processo que disciplina, pois exige precisão, atenção, coordenação; é meio de autoexpressão, e por isso mesmo dá à criança oportunidades de liberação de espontaneidade e dos conflitos.

Convencer aos pais de que precisam cantar para despertar nos filhos o amor à música; seu exemplo levará a criança a cantar com eles.

Recomendar aos pais que comprem brinquedos, como pandeiros, bombos, gongos, combinações de guizos que facilitem a prática das atividades rítmicas. Recomendar, igualmente, o uso do toca-discos, que permite certa seleção de músicas adequadas às diferentes idades.

Advertir os pais do perigo que há em criticar a voz de seus filhos; nunca devem desencorajá-los, mesmo quando desafinem ou não tenham boa voz.

Orientações para os recreadores

A criança que goza de liberdade, de estímulo e de orientação conserva sua originalidade, acha meios próprios de cantar, de dançar, de utilizar-se dos instrumentos musicais. Sua faculdade criadora poderá se expandir poderosamente, já que não sofre nenhum constrangimento, nem excessos de sugestão.

As crianças devem ter oportunidade de ouvir adultos cantando ou tocando bem; de ouvir, igualmente, outros grupos de crianças executando programas de música e de dança; de ensinar a outras crianças o que aprenderam. Saber ouvir e saber apreciar música e dança é, também, de importância para a formação musical e artística. Seria interessante aproveitar a visita dos pais para fazer cantar algumas canções nos grupos.

A criança deve se sentir feliz quando canta. O que se tem em mente, fazendo-a cantar, é levá-la a uma experiência que lhe dê satisfação no momento e a prepare assim a cantar pela vida afora.

Todas as crianças devem cantar, mesmo as desafinadas. A recreacionista não deve chamar, senão ocasionalmente, a atenção do grupo para deficiências de execução; a experiência perde muito da sua alegria e da sua espontaneidade, quando é interrompida para correções. É preferível repetir depois de recomendar aquilo que se quer obter.

O ritmo é excelente meio de preparar a aprendizagem da música. Pular na ponta dos pés, engatinhar, bater palmas, imitar os saltos dos animais, imitar movimentos de balanços, de galope, de marcha, de saltos, de curvaturas, em modalidades as mais variadas, são processos que usam a um tempo os elementos básicos da música e da expressão. O ritmo deve ser sublinhado por meio do piano, do pandeiro ou das palmas. Dessa forma, a música é aprendida através do movimento.

As músicas devem ser cantadas, para serem imitadas e não "ensinadas"; cantadas não frase por frase, mas por inteiro.

A professora que tocar piano, violão ou acordeom deve usar esses meios para despertar o entusiasmo pela música.

As crianças têm grande curiosidade em explorar as possibilidades sonoras dos instrumentos que encontram nas classes. Essa exploração satisfaz aos interesses do momento e desenvolve a habilidade de usar convenientemente o material; após essa fase de descoberta e de aprendizagem da técnica, virá a do resultado. A criança aprende fazendo, mas é preciso que haja progresso, para que o interesse persista.

A criança que tem ocasião de experimentar informalmente os instrumentos de percussão e que escolhe aquele que é o de sua preferência, suporta ficar em silêncio enquanto os outros tocam, pois o que a interessa já é o efeito do conjunto, é a criação em grupo, uma vez que a curiosidade pelo instrumento em si já foi satisfeita. Esse trabalho deve surgir espontaneamente das atividades, e não ter o seu momento marcado no horário. Deve corresponder, de preferência, a uma solicitação da criança.

A bandinha não deve constituir motivo para seleção. Todas as crianças devem poder fazer parte da mesma.

A boa recreacionista é aquela que não quer dominar o grupo, ensinando só aquilo que ela julga conveniente, mas que aproveita as sugestões e os interesses das crianças para motivar o seu ensino. É aquela que se faz amar primeiro, para depois tornar amáveis as atividades. É aquela que envolve todo o grupo numa participação ativa e voluntária no trabalho.

Para ser boa professora, não é mister ser prima-dona, nem, tão pouco, técnica de alta qualidade. É evidente que, quanto mais profundos forem os conhecimentos, maiores os recursos para transmiti-los. Todavia, o que importa, aqui, é o desenvolvimento da criança e não o ensino de uma matéria. A recreacionista deveria saber cantar, tocar um instrumento e dançar. Deveria poder imprimir à movimentação um sentido de ritmo, fazer usar o corpo todo como meio de expressão e de criação.

A conversa e o diário

A conversa pode ser forma de recreação das mais sadias. Desde pequena, a criança procura desvendar as realidades da vida por meio de perguntas e de conversas. Os períodos dos porquês são extremamente ricos de descobertas quando os adultos não se irritam e sabem dar respostas verdadeiras, ao alcance da compreensão infantil. São essas as oportunidades ideais para o ensinamento ocasional, pois a pergunta quando surge já é uma resultante de uma meditação, de um raciocínio: é o elo de uma cadeia de conhecimentos que está se formando. Mais ainda. A pergunta dos jovens é, não raro, um meio de chamar a atenção do adulto: é o carinho que está sendo solicitado e não tanto a solução a uma indagação da mente.

Palestrar sobre os mistérios da vida é acalmar e resolver problemas íntimos. Há adolescentes que procuram aqueles grupos que sabem manter conversas significativas, estimuladoras de aperfeiçoamento da personalidade, conversas essas de interesse vital para suas constantes inquietações. As discussões de temas morais atraem a gente moça: Basta ver o sucesso dos Círculos de Estudo da Ação Católica, das discussões apaixonadas, dos cine-debates e dos clubes de leitura.

A palavra organiza as relações sociais, estrutura laços de amizade, arrasta para a ação e para o trabalho criador. Mas, para participar numa conversa, é preciso também saber ouvir. Ouvir é um processo ativo. É procurar entender a exposição do interlocutor e atingir, através dela, os sentimentos experimentados. A empatia, isto é, a compreensão profunda desses sentimentos, é o que constitui o bom ouvinte. A criança só se forma nessa arte de "entender sentimentos", se o adulto lhe der o exemplo, ouvindo-a com inteligência e sensibilidade.

A conversa entre adultos nem sempre é adequada aos jovens. O assunto fútil, a crítica maldosa, a discussão política apaixonada, os conceitos pessimistas relativos ao futuro, o relato de crimes, de moléstias, de desmandos de conduta, as desavenças afetivas — todo esse cenário só traz confusão e angústia além de sugestões perigosas, pois familiarizam com o erro. Poucos são hoje os que educam pela sua palavra ponderada, posta ao serviço das virtudes cívicas e individuais. Em relação aos adolescentes, os temas que invariavelmente empolgam são a política, as lutas sociais, as aspirações religiosas. De modo geral deveríamos sempre, em nossas palestras, socializar a alegria, o idealismo, o entusiasmo.

Graciema conversa como ninguém. É esse seu esporte favorito. Não cursou outra escola senão o "grupo", numa cidade do interior. Mas, desde pequena, ouvia, quietinha e embevecida, a conversa dos "grandes". Quando, no Largo da Matriz, jogava futebol com os meninos, sua voz era a que dominava. Comandava sempre. Seus argumentos eram irretorquíveis. Saíam como máximas candentes de equidade e de sabedoria. Tinha o riso franco e o gesto eloqüente.

Era apaixonada pelas idéias. Ninguém contava histórias como ela. Precisa, movimentada, colorida, sua conversa era um prazer!

Graciema era, ao mesmo tempo, excelente ouvinte. Não havia assunto que não a interessasse.

Analisava os fatos. Mas não monopolizava a palavra. Discutia. Incitava o trabalho mental dos interlocutores. Procurava a origem dos comportamentos criticados. Empolgava-se na defesa do direito, sem, todavia, menosprezar o indivíduo delinqüente.

Com o tempo, apaixonou-se pelo tema político. Foi tal o ardor com que Graciema comentava e defendia os interesses de sua cidade que foi eleita vereadora municipal.

Conversar para Graciema era procurar soluções, incentivar no sentido do melhor partido. Era assumir atitude e salientar o erro. Era salvar da queda moral como da transigência aviltante.

Com efeito, conversar é dinâmica que pode levar ao esforço construtivo como também às concessões levianas. A conversa não é neutra. Basta a palavra insidiosa "que é que tem?" para tantas vezes, fazer tombar a última barreira de um escrúpulo.

O que nos interessa, na conversa, é conhecer a opinião alheia, o trabalho de análise que culmina no critério pessoal. Procuramos com prazer aqueles que pensam os problemas, os dissecam e os apresentam como que digeridos e avaliados face a uma escala de valores superiores.

A força maior do recreacionista, como do trabalhador social, como do educador, é a técnica da entrevista, a qualidade da conversa em grupo, é a palavra, em suma, veículo das suas riquezas de cultura e da vitalidade de sua personalidade.

O diário é o caderno secreto que age como um confidente a quem tudo se pode dizer. É uma válvula de segurança que dá vazão aos transbordamentos da alegria ou do rancor. Exprimir dessa forma os seus conflitos é processo altamente aconselhável: uma vez externados, perdem eles a violência da carga emocional.

O diário leva à meditação, à análise, à vida interior. Quando ele registra as vitórias e os fracassos com o desejo de uma ascensão, torna-se um meio eficaz de progresso espiritual. Muitas vezes funciona como fator de iniciação literária. A preocupação da frase esmerada, da melodia, da originalidade leva à apreciação dos bons autores.

Nos dias que correm, em que não há ouvidos para os desabafos juvenis, o diário deve ser encorajado como passatempo que favorece o equilíbrio emocional.

O escotismo e o bandeirantismo

O escotismo foi, sem dúvida, uma das invenções mais geniais que têm surgido no campo pedagógico, pois é experiência de educação cristã e cívica em plena vida.

A primeira das finalidades do escotismo é fazer do jovem o "homem do dever", o homem que tem um corpo de princípios morais elevados aos quais dá preeminência e que a eles se mantém fiel pelo compromisso de honra assumido por ocasião da "promessa".

Esses princípios morais inspiram-se numa alta concepção do civismo e da liberdade: servir à comunidade; sobrepor o interesse geral ao interesse individual; dobrar-se à obrigação imposta pelo foro íntimo e não pela pressão exterior; submeter-se voluntariamente à Lei do Escotismo, a qual paira acima de tudo, como a própria essência da Vida Escoteira.

A adesão a essa lei é motivada apenas pela noção instintiva do Belo e do Bem. A observância da mesma não é fruto de sanções e sim de amor. E esse amor é gerado pela satisfação dos interesses profundos da personalidade no modo de vida da sociedade escoteira.

Com efeito, o escotismo vem de encontro aos interesses mais legítimos dos jovens. E senão vejamos.

O escoteiro pode adquirir foros de cidadania na sua sociedade: a estrutura da mesma, bem como suas manifestações, são obra dos seus membros. Estes podem assumir-lhe a direção. Podem planejar seus empreendimentos. São os responsáveis pela eficiência da sua vida. Na família, a consciência moral do menino se rege pelas imposições dos pais. Na escola, o professor adota também o sistema autoritário. Já na sociedade escoteira o regime de disciplina é diverso. Impera ali a autonomia, porém dentro da prática da mais generosa solidariedade.

Outro fator de interesse do escotismo reside na escolha do chefe. O chefe de tropa não é um adulto. Nem tão pouco um companheiro. É um jovem, mais velho que o grupo, mas pertencendo ainda ao seu mundo. O chefe deve ter superioridade em experiência de vida, em coragem e decisão, em força física e elevação moral, em habilidade manual e em conhecimentos práticos, diz Pierre Bovet.

O chefe deve ser um objeto de admiração. A admiração é um elemento educativo sem igual e um dos valores da adolescência. Eis por que não se deveria admitir um chefe de tropa medíocre. A eficiência do escotismo está exatamente no valor dos seus chefes. Conta Berge que certo calouro, embriagado pelas primeiras experiências da disciplina de tropa, repetia da manhã à noite: "Sim, chefe; não, chefe". Sentia-se por tal modo identificado a um poder coletivo, encarnado pelo responsável, que lhe parecia ser também ele um "chefe". Esse fervor, entretanto, não deve degenerar em submissão passiva; antes, deve ter em mira a preparação para o exercício de chefia.

A atuação do mais velho suplanta a do próprio pai. Satisfaz aquela admiração exaltada que o menino tem pelo rapaz. A magia do mais velho é todo-poderosa. O menino precisa de modelos concretos. Precisa, junto dele, de heróis e de santos, porque ele também quer ser um "grande" e um "perfeito". Quanto mais ele imita o adulto, mais ele deriva suas tendências. O menino sente-se eufórico quando pode realizar em forma de ensaio aquilo que ele quisera ser na realidade.

Ora, o mais velho leva sua tropa à integração na vida dos grandes, sem, todavia, perder aquele sentido do jogo que ainda perdura no seu espírito juvenil. Aliança feliz que maravilhosamente corresponde às fases de transição do menino para rapaz, do rapaz para adulto.

O terceiro elemento de força do escotismo é o processo de formação por ele empregado.

A lei escoteira é apresentada em forma de "mesa-redonda". São discutidos democraticamente os valores vitais; não se procura o debate especulativo para estabelecer apenas conceitos. O que se quer são idéias-forças que sugestionem e atuem sobre o comportamento.

Os temas prediletos da responsabilidade, da preeminência do interesse geral sobre o particular, da necessidade da justiça, da mentalidade de serviço, da coragem e da lealdade são objetivados no cotidiano. Essa conversa é lembrada nas situações concretas, na trama das vivências diárias. Assim é que as generalizações se tornam operantes, porque vivificadas pelo comportamento conscientemente orientado no sentido das virtudes específicas da sociedade escoteira.

O modo de vida escoteira é o da equipe. Excelente preparação do cidadão que vai ter de viver em sociedade. A equipe realiza sadia evolução do instinto gregário. As insígnias, os postos de comando satisfazem ao desejo de organização, de estabilidade do grupo. A equipe escoteira é muito superior ao bando, pela camaradagem afetuosa que desenvolve. A necessidade de amizade é amplamente satisfeita e a agressividade um tanto rude da idade se acha assim contrabalançada.

A Boa Ação do escoteiro vem de encontro ao sentido do serviço que mais se acentua no período de sete a treze anos. A observação da natureza, o acampamento em plena mata, atuando com seu apelo à aventura, atende à curiosidade do menino, e ao sentido do mistério. Depois dos sete anos, o pequeno não é mais apenas o ser-que-brinca, mas é também o ser-que-aprende, o ser-que-sente.

A emulação é muito explorada na vida escoteira, mas sempre em caráter de jogo. O êxito não faz jus a prêmios importantes. As insígnias e os postos de comando são conquistados não em concursos, mas em situações difíceis que foram bem resolvidas. Nos concursos há preocupação apenas de saber "quem não será o último". O lugar de primeiro não interessa.

O instinto combativo e a força física encontram mil formas de aplicações construtivas. As longas e perigosas excursões, a luta consigo mesmo, o desejo de vencer obstáculos, o desprezo pelo conforto, a exatidão rigorosa no cumprimento das missões, a superação da fadiga e dos caprichos, tudo são canalizações salutares do sentimento de emulação.

As idéias de cavalheirismo e de patriotismo oferecem campo vasto à aplicação do instinto combativo. Defender o fraco, batalhar pelo direito violado, cumprir missão de explorador ou de missionário, bem como pegar em armas caso seja mister defender a Nação, eis as finalidades para as quais são orientadas as energias combativas. Dentro desse quadro, é possível satisfazer o gosto que os meninos têm pelas histórias de crimes, contanto que esse tema não seja nem exclusivo nem excessivo. Essas histórias podem ser motivo para exaltar as qualidades de inteligência e de zelo dos servidores da ordem, o que ensina respeito ao guarda, ao policial, aos funcionários incumbidos de velar pelo bem-estar do povo.

O jogo na vida escoteira tem um significado moral acentuado. Leva à conformação com um modelo, faz aceitar a regra social. Como essa aceitação é voluntária, permite o jogo a afirmação da personalidade e incita ao esforço de aperfeiçoamento.

As atividades escoteiras são, pois, todas elas inspiradas nas necessidades psicológicas do menino; gosto pelo segredo, pelo mistério, pelo risco, pela luta, pelo serviço, pelo herói, pelo jogo, pela iniciativa; anseio de conhecer e de demonstrar o que sabe.

O escotismo é, por esse motivo, a melhor escola de formação moral. Desenvolve o discernimento, o critério pessoal, o ser interior, pelo hábito da reflexão. Ensina a técnica da auto-análise. Estabelece uma escala de valores. Cria intenso desejo de aperfeiçoamento. Cultiva ideais elevados, integrando assim os atos diários numa filosofia de vida.

O escotismo marca fortemente a personalidade. Espírito esportivo, noção do valor da comunidade, desejo constante de ser útil, lealdade e coragem, são esses os traços principais que os escoteiros levam para sua vida de adulto.

Mais ainda. O modelo concreto do chefe é substituído pelas suas obras, pelas regras dos jogos tradicionais. É assim que, da autoridade do pai, o menino passa para a magia do "mais velho"; em seguida, aceita uma autoridade difusa dos "grandes", para se dobrar finalmente à autoridade da tradição e aceitar o princípio da autoridade.

Como todo movimento educacional integral, o escotismo tem por base e por finalidade a religião. Embora confie ao capelão a direção de consciência e o ensino da doutrina, a vivência do cristianismo é constante.

> "Quando você tiver tido algum prazer, escreve Baden-Powell, quando tiver jogado uma boa partida, quando tiver experimentado felicidade advinda de uma boa ação, agradeça a Deus".

No escotismo a formação moral e a educação religiosa estão sempre associadas. Ambas visam à vida interior e se concentram na pessoa do Cristo como modelo a merecer admiração, imitação e amor.

Um grupo de escoteiros ainda muito jovens assim definiu o seu ideal:

> "O escoteiro é o indivíduo para o qual Nosso Senhor se tornou alguém".

O Bandeirantismo é o escotismo feminino, com as devidas adaptações, conservando, entretanto, os mesmos princípios e as mesmas técnicas. Como o escotismo, o bandeirantismo dá o sentido do grupo, ensina tanto a mandar quanto a obedecer. Cultiva os dotes naturais através das suas especialidades e alimenta o desejo de iniciativa; promove o desinteresse nas amizades, a compaixão pelos fracos e pelos pobres, o entusiasmo por uma vida de correção e de zelo pelo bem-estar da comunidade.

O bandeirantismo, no Brasil, tem sido autêntica escola de responsabilidade e de elevação moral. Nossas jovens não encontram melhor meio para corrigir os defeitos da idade e da época — tendência à indisciplina e à futilidade, tirania do problema sexual ou da timidez, insatisfação provinda de ambientes revoltantemente materialistas. O bandeirantismo satisfaz os interesses profundos naturais e sobrenaturais, incute no espírito ideais significativos. Forma a piedade, levando a viver momentos de intenso fervor. Com efeito, são inesquecíveis as emoções da oração da noite diante do fogo do conselho ou da missa campal nas ocasiões de excursão. Aliás, a atmosfera de lealdade e de profundo anseio de aperfeiçoamento moral e espiritual que emanam da vida bandeirante é a sua força e o segredo da pujança da sua irradiação.

Os esportes – o futebol

O homem sempre exerceu a cultura física. Nos primeiros tempos a vida erra essencialmente uma atividade física. Mas, com a divisão do trabalho e a criação da máquina, o corpo foi obrigado ao repouso. Surgiu, então, a necessidade do exercício para conservação da agilidade e da saúde. O esporte é, pois, ocupação de luxo, gesto inútil para a vida prática, atividade ideal apenas. É uma das nossas principais técnicas do lazer.

Mas o esporte tornou-se ato de cultura, permitindo ao homem viver bem, viver sempre melhor. Com efeito: ele canaliza os instintos de combate para atividades inofensivas; facilita a aquisição de apreciáveis qualidades de caráter, como sejam coragem, lealdade, fraternidade; dá consciência das energias e capacidades disponíveis; leva ao hábito de submeter-se a regras severas de comportamento. Como a arte, o esporte é fator de equilíbrio para o corpo e para a alma. Como todo ato desinteressado, ele tem certa nobreza devido à sua gratuidade.

O esporte é esforço que tende à moralidade. O tênis, por exemplo, chamado "esporte de reis", cultiva a limpidez. Condena toda e qualquer deslealdade. Não admite nem driblar nem surpreender. À elegância dos gestos junta a elegância moral. O esporte engrandece a condição humana porque, longe de ser uma solução de facilidade, enfrenta a resistência do organismo, domina a fadiga, exalta a vitória sobre si mesmo, habitua a considerar os valores éticos, enfim, conduz à liberdade. É uma ascese que desenvolve a coragem física e a coragem moral, virtudes essenciais para o trabalho de aperfeiçoamento da personalidade.

O esporte atua profundamente sobre o indivíduo: seu dinamismo penetra no íntimo do ser e age como fator de adaptação fácil ao meio.

O esporte é ainda gozo artístico; o estilo desfruta grande prestígio social. A beleza do jogo, o espetáculo, as qualidades de destreza, de graça, de precisão tornam o esporte uma arte capaz de determinar emoção estética.

> "O atleta, dizia Montherlant, tem a graça porque tem a força. Sua força é bem distribuída. Não há um gesto que não seja útil."

O espírito esportivo é sinônimo de aceitação prazenteira do cotidiano, é a capacidade de suportar contrariedades com jovialidade, é prática habitual dos princípios da higiene mental. O verdadeiro desportista é facilmente reconhecível pela sua disposição à performance. É um indivíduo que se governa.

Na adolescência, o desporto avulta em importância. Não se trata apenas de um treino disciplinador. A vida do colégio confina a atmosfera limitada. Os livros de estudo opõem barreiras ao sonho. O esporte representa então a autonomia reconquistada. É a alforria das restrições da sala de aula, e o embalo que adormece a inquietação. Na atividade desportiva disciplinada, a luta perde sua finalidade inconsciente e sua feição cruel e desumana; transforma-se numa "vitória incruenta e simbólica". Dá-se a sublimação da agressividade. As tendências à brutalidade chocam-se e se esvaem de encontro a resistências materiais. Ademais, exercer uma atividade constitui prazer: distrai dos pensamentos viciosos. Os desportos, como o campismo, como os trabalhos manuais, desgastam o instinto da luta e estimulam sadio espírito competitivo.

A aversão ao esporte, especialmente quando é obsessiva, oculta algum conflito que deve ser examinado.

Em França, a famosa experiência de Vanves tem tido grande repercussão. Durante um mês no inverno, a escola transporta-se para uma estação de esqui. Professores e alunos, nas écoles *de neige*, continuam os seus programas, reservando, entretanto, algumas horas para a prática diária dos esportes de inverno. Apesar de reduzidas as horas de estudo, são excelentes os resultados escolares.

As atividades esportivas não devem ser um fim em si; devem integrar-se nas finalidades gerais da vida:

> "Esporte e cultura física não devem comandar e dominar, diz o Santo Padre Pio XII, e sim servir e auxiliar."

O futebol é hoje em dia o esporte mais popular no mundo masculino.

Desde tempos imemoriais, aliás, a bola exerce fascinação sobre todas as idades. Buytendyck dedica-lhes um trabalho interessante. Diz ele que, sendo uma esfera, a bola é simples, não oferece resistência, nem surpresa, nem arestas. A apalpação manual ou visual de uma esfera dá um sentimento de alegria e sugere um movimento continuado, semelhante ao que a mãe é impelida a fazer quando acaricia a cabecinha do bebê.

Jogar e apanhar a bola podem ser, mesmo para uma criança, o símbolo da divisão e da reunião, da ascensão e da queda, da doação livre e da acolhida. A bola brinca com o jogador. Ela rola, movimenta-se, é elástica, responde aos choques por um contrachoque e, pela sua reação, desperta a atividade do jogador.

As meninas preferem o jogo de bola com a mão ao passo que os meninos preferem jogar a bola com os pés.

Essas preferências baseiam-se nas formas masculina e feminina de encarar a vida. Dar um pontapé na bola é um ato mais agressivo que atirar a bola com a mão. Ao ato de atirar corresponde o de receber, ao passo que ao ato de bater com o pé corresponde o de devolver com um pontapé. Neste último gesto, a estabilidade corporal corre risco, o que satisfaz o gosto de aventura. É um gesto de expansão que dá uma forte sensação de poder, o qual aumenta a consciência do próprio valor.

O futebol é uma demonstração de virilidade. Revela tendências masculinas bem evidentes: o desejo de atingir alguma coisa, de vencer resistência, o gosto de tensão, de esforço, de dramaticidade.

Os pés, sendo membros menos "cultivados" que as mãos, dão vazão à necessidade de expressão brutal. Ademais, o futebol, como jogo espontâneo, é indisciplinado e irrefletido. É mais difícil obter a disciplina dos pés que a disciplina das mãos. É nesse caráter de eliminação violenta de impulsos primários que reside, em grande parte, o segredo da atração do futebol.

Diz Gilberto Freire que o futebol dá oportunidade de expressão ao sadismo e ao narcisismo e a todas as energias que podem se tornar raízes da bravura e do heroísmo na guerra. Em tempo de paz, essas emoções podem tomar a forma de gangsterismo.

O jogo de bola é rico de oportunidades criadoras. A cada gesto, o jogador improvisa novos valores, atribui novo significado às coisas. Certas partidas são verdadeiros dramas, cuja tática exalta e contagia. O espectador participa das emoções e das alegrias dessa criação constante. Ele é um co-jogador que está presente, no campo, pela torcida. Essa integração do público e da equipe faz do futebol um esporte social, cujo maior valor é permitir deliciosos momentos de evasão, poderosas descargas emocionais e manifestações ruidosas e veementes do bom-humor coletivo.

Os clubes de modelos reduzidos

Os Clubes de Modelos Reduzidos estão se tornando cada vez mais populares. O aeromodelismo consegue transformar adolescentes instáveis, irritadiços, incapazes de esforço e de paciência em carpinteiros minuciosos, tenazes, requintados de cuidados. Vejamos um exemplo:

André tinha 14 anos. Filho único. Mudara já duas vezes de colégio secundário: preguiça e indisciplina. Crescia à vista d'olhos. Nada parecia interessá-lo. Vivia numa intensa crise de fixação materna.

Afinal, matriculou-se numa Escola Nova, em que a cadeira de trabalhos manuais era extremamente valorizada. Foi através dela e do esporte que André se integrou no novo ambiente. Em breve conseguia fazer os deveres escolares sem ameaças nem castigos.

Aos poucos conseguiu economizar — ele o perdulário — dinheiro suficiente para comprar um modelo reduzido de avião. Revelação surpreendente! O rapaz passou a gostar de ficar em casa. Fazia rapidamente as tarefas da escola para se entregar, depois, à confecção do aparelho que lhe empolgara a imaginação. Às refeições, explicava com exuberância a excelência do tipo de avião que escolhera.

Obteve afinal que os pais lhe aumentassem a mesada para se tornar sócio do clube de aeromodelismo. Todo dinheiro que tinha era para aquela atividade. Tornou-se um propagandista fervoroso: fazia de cada amigo um adepto do aeromodelismo. E aquele insatisfeito e caprichoso fixou-se e passou a ocupar um dos primeiros lugares na turma.

As maquetes de arquitetura também atraem grande clientela. São um excelente complemento do "mecano" e exigem atenção e perseverança, destreza e imaginação.

Todo trabalho manual é altamente aconselhável. A atividade manual, sincronizada com um esforço mental, é o remédio soberano para o desequilíbrio da agitação mental.

O importante é que tenhamos interesses vários e que não sintamos, no feriado, um tempo a matar, e sim horas preciosas a utilizar na expansão daquelas forças reprimidas pelas ocupações obrigatórias. O recreacionista deve incentivar não só as atividades para os quais o recreando mostra aptidão, mas outras que lhe pareçam sadias, pois nem sempre a habilidade é evidente. Há dotes ocultos que precisam ser descobertos e cultivados, às vezes mesmo à custa de certo constrangimento.

Passatempos para jovens e adultos

O passatempo predileto de um jovem, o "hobby", tem grande valor exploratório, pois equivale a uma experiência criadora às vezes de continuidade e intensidade surpreendentes. A coleção de selos, por exemplo, vale pelas descobertas individuais; herdar uma coleção seria fazer abortar as grandes alegrias da conquista pelo esforço. O jovem que emprega sua mesada no desenvolvimento do seu "hobby", que por ele faz sacrifício, está formando as qualidades de perseverança, de economia, de iniciativa; está aprendendo a grande lei da vida que é a de sofrer pelo que se ama.

Dos nove aos 14 anos impera a mania da coleção. Para mais da metade dos pré-adolescentes dedica-se a essas atividades e muitos o fazem atraídos pelo processo de colecionar mais ainda do que pelo material acumulado. É de toda conveniência estimular discretamente aquelas coleções que tenham valor educacional, que forneçam experiência em organização e classificação, como sejam: selos, cartões postais, folhas, pedras, bonecas regionais, colheres, porta-chaves, caixas de fósforos, flâmulas etc... Colecionar contribui para hábitos mentais de sistematização. É, pois, atividade preciosa a ser encorajada.

É imprescindível estimular o jovem a escolher passatempos que tenham aplicação na sua vida de adulto. Assim, a cerâmica, a escultura, a fotografia, a carpintaria, o trato de bichos ou pássaros, a jardinagem, a cultura física etc., podem ocupar boa parte da nossa existência. A multiplicidade de interesses é, em via de regra, índice de riqueza de personalidade.

O camping, atividade muito em voga na Europa e nos Estados Unidos, está empolgando nossa mocidade. A barraca já é um personagem na vida dos moços.

O excursionista juvenil elaborou seu código de honra, em 1960. Ei-lo na íntegra:

O Excursionista

> Ama e respeita a Natureza como uma obra divina — É leal, agindo pela verdade — Cultiva a alegria e o bom-humor — Respeita a si mesmo como condição de respeitar o próximo — Obedece para saber comandar com justiça — Considera a cooperação, além de um dever, um direito — É honesto, tolerante, bondoso e corajoso — Alimenta sempre uma nova aspiração, ainda que lhe custe sacrifício — Enfrenta serena e esportivamente qualquer situação — Cultiva a paciência como condição para resistir e vencer — Estima os seus companheiros como irmãos e trabalha pela unidade da família excursionista — Faz de cada excursão um motivo de saudade.

Valorizemos de preferência as formas ativas e criadoras da recreação, de vez que os divertimentos passivos mecânicos, quando exclusivos, podem ser desintegradores do indivíduo e, por conseguinte, desintegradores da sociedade.

IX – EVASÃO PARA O MUNDO DA IMAGEM E DO SOM

O cinema, arte de choque

Como o jogo, o cinema é uma forma de aprendizagem.

> "Importa aprender cinema, dizem Chartier e Desplanques, como se aprende a ler e a escrever. É necessário ensinar, inclusive na escola, a ler um filme. Zöchbauer teve a feliz ousadia de dedicar quatro meses do seu programa de *História da Educação*, para professorandos de 18 a 20 anos, ao ensino do filme. Incumbidos de estudar a reação de um filme num grupo de crianças, haviam revelado impressionante incapacidade de fazê-lo. Viveram tão intensamente quanto os pequenos o drama da tela. Impunha-se, pois, treinamento no sentido de criar atitude independente."

Foi o que magistralmente Zöchbauer conseguiu com sua bela iniciativa.

As lições de vida que se encontram no filme têm mais prestígio que a palavra do mestre ou a letra impressa, porque apresentadas de modo espetacular e em sínteses luminosas, cheias de esplendor, acessíveis e comovedoras. O jovem vai ao cinema com imensa alegria e numa disposição de inteira passividade. Quer distração, informação, sensação. Quer viver situações que fogem ao cotidiano. Gosta de estar em grupo, porém, livre de qualquer compromisso para com o mesmo. Primeiro o menino procura o filme cômico, policial ou de aventura.

Depois, na segunda fase da adolescência, são os filmes históricos e sentimentais os preferidos. A influência do filme não depende do grau de compreensão do mesmo. Resulta, principalmente, da associação das imagens com o sonho do espectador, da identificação deste com os heróis da tela. Os temas tratados constituem, as mais das vezes, experiências prematuras. A sensibilidade é exposta, em conseqüência, a um regime de choques. E, como a idéia inclina à atualização no plano da vida real, o resultado do cinema será, freqüentemente, a confusão, o medo, a angústia, o desejo veemente de imitação não raro inoportuna.

Que se passa com o jovem no decorrer de uma sessão? Ânsia de miragem, de situações romanescas. Desejo de compensar as insatisfações, vivendo intensamente luxo, beleza, amor, sensações extravagantes. Tendência a identificar-se com os personagens da tela, a participar de modo todo pessoal do enredo. Certos temas fazem vir à tona sentimentos suspeitos adormecidos: surge então o perigo de querer aplicar à vida as soluções da tela. Certa vez, uma pequena, filha de uma empregada de cinema, tentou suicidar-se, certa de que reapareceria no dia seguinte, como a artista que toda noite morria aos seus olhos.

Todo filme procura comunicar emoções. Seu valor reside exatamente na sua capacidade de comunicar opiniões, atitudes, sentimentos. Todos os seus meios tendem a produzir o choque que convence. E senão vejamos.

A situação do espectador é de inteiro desamparo. Na escuridão da sala, diante do sortilégio do espetáculo, ele está só. Os vizinhos deixam de existir. A posição da cabeça, em atitude de receptividade sequiosa, diante de uma tela brilhante que o envolve, aumenta terrivelmente o poder de sugestão. O rosto dos heróis ampliados, com suas expressões fortemente marcadas, o equipamento extravagante, a valorização dos objetos, pelos truques cinematográficos, o detalhe emocionante insistente, o valor emocional das cores e das imagens, do movimento e dos silêncios, tudo concorre para hipnotizar o assistente. A música ela também é ópio. A luz artificial, dando excepcional relevo à fotografia, impressiona. A duração das imagens e o enquadramento das cenas ou de uma determinada vivência desencadeiam os sentimentos mais violentos. Ora, essa vivência intensa atua no inconsciente e no sentimento, duas zonas de influência poderosa no comportamento. Daí o perigo de se reproduzirem, no futuro, as sugestões da tela.

Até os dez anos, a criança, em via de regra, acredita ser verdadeiro tudo quanto se passa na fita. E a freqüência infantil ao cinema é grande, embora o período do maior fascínio seja o de treze a dezesseis anos. Mas o adolescente também perde a faculdade de crítica assim que penetra na sala do espetáculo. Eis por que já dizia Lênin:

> "Se quereis transformar a maneira de pensar do mundo, deveis fazê-lo pelo teatro e pelo cinema".

Mais da metade dos freqüentadores de cinema são jovens de menos de 24 anos! E cerca de 30% do público habitual é constituído de adolescentes.

As crianças hiper-emotivas e as obcecadas reagem fortemente aos filmes "negros", agitam-se, roem as unhas, tapam os olhos, saem para urinar. E, à noite, são atormentados por pesadelos tremendos. As crianças sonhadoras acentuam sua tendência para a evasão. Os pré-delinqüentes precipitam-se na senda do crime.

Nunca me esquecerei do pânico de um menino de doze anos ao assistir ao filme *Les croix de bois*. Soluçava pedindo ao pai para sair da sala, dizendo: "Estou com medo. Não posso mais olhar". Mas, o pai, insensível, respondia: "Sofri todos esses horrores na guerra. É bom que você veja tudo quanto seu pai teve de suportar..." Quem nos dirá os efeitos funestos daquela sessão no sistema nervoso do pequeno desamparado?

O filme é uma arma de dois gumes: pode ser fator de liberação de complexos, criar disposições e tendências para atualização de qualidades latentes; mas também pode provocar sensações duvidosas e arrancar do ser profundo instintos perversos recalcados.

Malgrado os perigos do cinema, o educador não pode ignorar esse meio prestigioso e esse tema avassalador de educação. Já se disse que tudo é para os olhos hoje em dia e que a próxima geração terá olhos imensos, mas não terá cérebro! O cinema é um modo de expressão absolutamente privilegiado. O que entra pela vista se transforma em idéias que perduram, porque vão coloridas pela emoção. Entre mãos conscienciosas e hábeis, pode tornar-se instrumento de aprendizagem que supera todos os demais.

O cinema é excelente mestre que faz redescobrir a beleza e o valor das coisas. Pelo processo chamado "panorâmico" obtemos uma visão renovada do mundo. Uma rua, um córrego, uma ruína, uma árvore, aparecem aos olhos com uma poesia comovedora. As coisas mais banais se revestem de glória, principalmente no filme colorido. Assim é que a realidade que nos envolve se torna mais íntima e mais significativa. O cinema pode revelar toda a beleza do mundo. Pode também estimular a imaginação e enriquecer o espírito, pois o cinema é "fábrica de sonho", é expressão de valores espirituais.

O cinema nos dá sobretudo o conhecimento do nosso próximo. O mundo da grande cidade ultrapassou as medidas da escala humana. O ser está sendo ali tratado como um objeto. Com efeito, nas aglomerações os homens observam-se, mas não têm intercâmbio, não se amam. O ritmo denso da vida moderna torna indiferente. A lei do hábito, que a tudo embota, desvaloriza também a fisionomia humana. Ora, o cinema vem pôr em relevo esses traços do rosto que já deixou de nos interessar. Toda a vida interior do homem é perscrutada. A câmara móvel penetra no âmago das coisas como na alma dos seres. Não há alegria nem sofrimento, por mais recônditos, que não se projetem na tela. Certos detalhes surgem, inesperados, para fazer explodir nossa emoção. Que insistência cruel, por exemplo, a daquelas perguntas infantis soando como um mau agouro no meio da tragédia que se inicia para o *Homem de terno cinzento* na noite em que sua filhinha cai com sarampo: "Ela vai morrer?" pergunta a irmãzinha da doente: "Ela está morrendo agora? Ela parece que já está morta?" E o olhar da pequena, fixado na doentinha, vai se dilatando e pondo a nu o pavor progressivo da morte.

O filme chamado educativo traz ao nosso ensino riquíssima contribuição. Mas isso não basta. O essencial é formar o jovem para que ele saiba escolher sozinho os seus filmes e possa reagir contra a possível nocividade dos mesmos. Essa preparação pode ser feita nos cineclubes, instituições que, em certos países, como a Inglaterra, já têm existência oficial.

Antes dos sete anos, a criança não guarda do filme senão as imagens que lhe agradaram. Afeiçoa-se às fisionomias com as quais simpatizou. Mas, é incapaz de perceber o enredo sem uma explicação. Mesmo que veja fotografias de cenas isoladas, não consegue estabelecer o significado da seqüência. A facilidade aparente do espetáculo marcará as dificuldades que em via de regra são numerosas. A compreensão global só aparece com a idade da "razão". Mesmo nesse momento a criança só poderá acompanhar o enredo pelo período máximo de um quarto de hora, cansando-se, então, e perdendo o "fio". Por volta dos 14 anos somente é atingido o nível de compreensão do adulto.

A criança, como aliás os adultos que não fazem um esforço de raciocínio, encontra no filme não uma representação intelectual e sim uma apresentação perceptiva. Graças ao prazer dessa percepção e ao interesse afetivo que despertam os heróis, há grande perigo de se cristalizar o hábito de contentar-se a mente com esse vago sentimento de realidade. Instala-se, em conseqüência, a atitude de preguiça, semelhante à que assume o leitor habitual de histórias em quadrinhos que já nem dá mais atenção ao texto. Essa atitude é perfeitamente compreensível: a mente infantil não compreende a imagem quando ela tem valor de símbolo, como seja a vela que se consome exprimindo o tempo que passa; não penetra na significação das elipses; não percebe o regresso a períodos anteriores ao da ação. Acresce que o pequeno que vai ao cinema duas e três vezes por semana é, em via de regra, fraco de inteligência e refratário à leitura. Daí ser preza fácil da nocividade de certos filmes.

Os desenhos animados de Walt Disney, por exemplo, parecendo inocentes, geralmente não são adequados à pequenina infância. A violência das imagens assusta. Os personagens fantasmagóricos impressionam. O ritmo acelerado excita. A dificuldade de compreensão do significado das seqüências enerva. As idéias cômicas são por demais intelectuais. As crianças acham graça nas situações isoladas, mas não são capazes de apreciar o conjunto.

Já os filmes de "mocinho", tão malsinados, não apresentam tanto perigo, para crianças mais velhas. Pertencem eles ao plano lúdico. É brincadeira que não vai se incorporar ao universo familiar do jovem.

O filme perigoso é aquele que representa a vida real, porém degradando o ser humano. O roubo, o assassinato, num desses filmes, gravam-se na sensibilidade juvenil e podem alterar a concepção dos valores morais. Assim a indulgência para com o adultério modifica profundamente a noção da ética do casamento.

Por igual modo, entretanto, gravam-se as lições de heroísmo, muito auxiliando o trabalho de elaboração de ideais generosos. "Os olhos e os ouvidos são avenidas largas que vão ter diretamente à alma."

Quando o jovem chega à idade de compreender os processos de desarticulação e desorganização do tempo, convém iniciá-lo nessa técnica. Essa noção virá desenvolver os mecanismos da crítica e do seu próprio pensamento. Fazê-lo antes do tempo é criar perigoso estado de confusão mental.

Não se diga que o cinema deve ser proibido às crianças. É fonte de cultura e de recreação que se deve explorar. Mas não se diga tão pouco que não há mal em assistir a qualquer filme. O estacionamento num tipo de prazer de baixa qualidade impede o desenvolvimento mental e falseia a consciência.

Zazzo enumera os verdadeiros problemas do cinema, os que regem a qualificação de um filme:

> "Qual o conteúdo humano e social do filme? Qual a imagem que ele apresenta do homem, da vida, das paixões humanas? Qual a relação que existe entre essa imagem e a experiência de vida da criança? O filme virá alargar seus horizontes ou virá falsear suas perspectivas? Qual poderá ser o verdadeiro efeito do filme sobre a formação mental e moral do jovem espectador?"

O cinema não é só distração: é também meio de cultura. Para tal, tem ele de ser integrado na experiência de vida. Essa integração é feita, hoje em dia, nos cineclubes.

A função do cineclube é despertar, através do cine-fórum, o senso crítico do adolescente no sentido de capacitá-lo de conservar-se independente diante da tela; de reagir racionalmente e não apenas emocionalmente ao filme; de evitar a identificação da fantasia com a realidade; de frear o instintivo desejo de imitar o que vê; de perceber o dinamismo espiritual do enredo; de poder formular uma opinião pessoal sobre o que foi visto; de apreciar a expressão artística; de reagir contra o encantamento que exercem certos temas absurdos.

Como o cinema é arte que evoca e sugere, ele elimina a finura da análise. Em conseqüência o freqüentador assíduo do cinema não exprime facilmente os estados de alma sutis e delicados. Perde também o poder de imaginar. Aceita as versões e as diretivas de conduta que lhe são impostas. No cine-fórum podem ser corrigidos esses defeitos, incentivando-se o livre exercício das faculdades criadoras.

O próprio conhecimento das técnicas cinematográficas leva à atitude crítica e permite à inteligência tirar o máximo proveito dos valores expostos. Assim, no cine debate, são especificados assuntos como estes: enunciar a impressão final; classificar o gênero do filme; analisar o enredo e os meios empregados para sustentar o interesse; procurar definir a mensagem do enredo, quando ela existe, e ver se a mesma é positiva ou negativa; destacar cenas e frases significativas; opinar sobre o valor da interpretação, a qualidade de fotografia, os efeitos dos truques e do tecnicolor, a realidade do detalhe, a beleza da encenação, a adequação musical, o papel dos silêncios etc., etc. Graças a esses exercícios, cria-se facilmente o hábito de detestar tudo quanto não seja autêntico: ciência, história, psicologia, moral etc., e de assimilar intensamente as lições de grandeza. Fácil também se torna o trabalho de desdramatizar o prestígio do vilão, as glórias da sedutora, a tirania do amor que tudo consagra e justifica, a pseudo generosidade do homem que perdoa as faltas da mulher e aceita a leviandade. E, finalmente, cumpre valorizar a honestidade, destacando exemplos como o do *Homem do Terno Cin-*

zento, em que o êxito profissional do herói decorre da sua correção e da sua lisura.

Não é a visão do filme que tem maior importância: é o uso que dela se faz que conta para a formação do indivíduo. As crianças, como as massas, são capazes de apreciar o bom cinema. É a propaganda que os leva para o filme comercial. Se o bom gosto fosse desenvolvido na mocidade, não tardariam os produtores a satisfazer a procura de filmes construtivos e artísticos. O povo tem o cinema que merece. Por isso mesmo, estão hoje os dirigentes da mocidade alertando os jovens, pela análise, a respeito do valor e dos perigos dos filmes em exibição.

No cine-fórum, prepara-se o jovem para assistir conscientemente a um filme. Há ali um animador que faz, por meio de debates, a análise ou prévia ou posterior da fita escolhida. O que importa é quebrar o encanto irresistível da tela; é criar o hábito da participação ativa, crítica e controlada. Sabendo de antemão que o filme será discutido, o espectador se prepara para apreciá-lo no seu conjunto e em sua significação. Defende-se, dessa forma, da influência maciça das imagens. O animador costuma dar apenas, nas análises prévias, o "fio da meada" do enredo, a fim de não prejudicar o interesse e estragar o prazer do ineditismo. Durante o debate, estimula a crítica, fala pouco e ouve com simpatia. Relaciona as informações; faz notar as transformações positivas ou negativas; salienta as razões do dinamismo e os momentos fortes da ação. Enfim, faz tirar conclusões precisas e leva a aplicações práticas. Pode ser destacado um elemento para estudar as reações do grupo, e analisá-las ao final do debate. Um dos critérios de um bom debate é o desejo de rever o filme.

Os adultos também necessitam dos cineclubes. Ali aprenderiam que o humanismo cinematográfico permite o contato e a amizade com toda espécie de gente, assim alargando as fronteiras de sua simpatia. Compreenderiam sobretudo a psicologia do grupo, pois o cinema não isola o homem do seu meio; ele o exibe encastoado no seu contexto de vida. Essa vivência é, certamente, eficiente escola de tolerância.

Penetrar nas comunidades mais variadas, revelar a rotina do cotidiano, essa exatamente a alta missão do cinema. Que benefício para o homem poder participar da infelicidade dos prisioneiros, das inenarráveis tragédias da guerra, do labor das minas, das agruras da miséria! O dever social exige que estejamos presentes ao sofrimento e à felicidade humanas. Mas, para tirar do filme o valor humanístico que ele possui, há necessidade de cultura cinematográfica. Os problemas do cinema são tão significativos que valem um estudo sistemático; com efeito, a "sétima arte" está fadada a marcar fundamente a vida das gerações vindouras.

Como para a maioria das questões educativas, o problema do cinema é um problema de educadores. Se o educador desconhece os efeitos psicológicos da tela, se ignora o método de análise de um espetáculo, se não sabe orientar a escolha dos filmes, se ele é incapaz de influenciar no sentido de uma boa atitude na sessão, jamais ele poderá iniciar o jovem na arte de se defender contra aquela adesão total e exaltada que transforma o cinema num elemento desintegrador da personalidade e em fator de dissolução dos costumes.

A televisão

A televisão é meio de comunicação de massa; permite intensa participação nas atividades mundiais. É janela aberta sobre o universo que se vai tornando cada vez mais próximo. O telespectador sente que tem um lugar nesse palco que o deslumbra. Os programas políticos fazem a sua formação social, política e econômica. A aventura e o esporte solicitam seu interesse. Toda a gama dos assuntos infantis tem sido explorada, senão com propriedade pelo menos com largo espírito de experimentação.

Se a televisão está se tornando, infelizmente, um câncer no nosso corpo de cultura, a culpa é, por um lado, dos educadores que não lhe dão assistência na confecção de seus programas e de suas normas, nem tão pouco orientam suficientemente os pais na seleção dos mesmos para sua família; por outro lado, das autoridades que não coíbem os abusos na matéria apresentada. É de estarrecer o número de cenas de violência apresentadas às crianças. Na América, há três vezes mais crimes nos programas infantis que nos programas de adultos. Esse desvirtuamento da TV chegou a impressionar até o próprio Senado daquele país. Com efeito, em 1966, uma das comissões analisou os resultados assustadores da "tele violência", ficando patente sua nefasta influência na personalidade em formação, não só agitando os instintos duvidosos e determinando crimes, mas também brutalizando a concepção do mundo e familiarizando com as mais hediondas degradações da alma humana.

A televisão, é bem verdade, não exerce na criança o mesmo fascínio que o cinema. Sua tela é reduzida. As salas em que funciona não são inteiramente escurecidas. Há possibilidade de comentar os programas visionados. E a crítica corrige a passividade do espectador. Todavia, deve existir, como para o cinema, como para o rádio, uma dieta no uso da televisão. Ela deve contribuir para uma vida melhor, sem, todavia, dominar a personalidade. O abuso cria a mentalidade do "já sei tudo", tão desesperadora para a professora primária e mesmo para o mestre do adolescente; além disso, determina, não raro, estados emocionais que dificultam a aprendizagem escolar. É certo que diminui o poder de raciocínio e a memorização. Mas há meios de tirar da televisão valor de cultura e de disciplina. Quantas famílias há que estabelecem um contrato com as crianças, antes de inaugurar o aparelho televisor! Tarefas escolares primeiro. Escolha de tantos programas por dia e seleção daqueles que mais convêm às várias idades. Os pais assistem a um dos programas a fim de iniciar os filhos na arte da avaliação dos mesmos. Dessa forma, a televisão se torna um fator de aproximação e não de dispersão dos membros da família.

Por volta dos sete anos, a criança só deveria ver programas feitos expressamente para pequeninos, e isso mesmo só uma vez por semana. Dos sete aos dez anos, só deveriam ser permitidos ainda programas infantis de boa qualidade, e no máximo, duas vezes por semana. A partir dos dez anos, já a escolha dos programas se torna mais fácil, embora devam eles sempre ser selecionados.

Quando bem utilizada, a televisão é excelente instrumento de distração e de cultura. Esplêndido seria seu efeito se houvesse junto dos espectadores infantis um adulto, um educador. Essa presença não deveria ter o caráter de fiscalização, mas sim de participação. O adulto poderia anotar as reações emocionais e os índices de interesse. Poderia também comentar os assuntos expostos. A atividade verbal é especialmente indicada para a construção de valores e de ideais. No caso de serem propostos pelo *speaker* trabalhos, jogos ou concursos, o adulto poderia auxiliar a criança a interpretar e a executar o que foi proposto. Nunca se deve esquecer que a influência exercida pela tela ou pelo rádio muito dependem da atitude do adulto que, pela primeira vez, põe a criança em contato com os mesmos.

O que é essencial, em educação, é não abandonar a criança à influência anárquica e hipnótica dos meios audiovisuais que podem ser excelentes, mas também podem trazer desastrosos resultados. Não basta, com efeito, atribuir um sentido à imagem e ao som. É preciso que ambos sirvam de estímulo para o pensamento pessoal, para a crítica, e, finalmente, para a reflexão criadora e a assimilação de valores. Dessa forma, a televisão se torna fonte de enriquecimento da personalidade e motivo de aproximação dos membros da família. Assuntos impessoais de conversa são utilíssimos porque distraem da focalização perene do comportamento da criança. Esse o sentido dos tele clubes, hoje florescentes.

Há na América para mais de 300 estações de televisão. Queixa-se o americano de que a TV está matando a conversa, a leitura, a vida de família, a individualidade. Com efeito, o desinteresse pela leitura está se tornando alarmante. Até as histórias em quadrinhos sofreram uma diminuição de venda surpreendente. Daí pensarem alguns psicólogos que esta será a última das gerações literatas...

No Brasil há cerca de 60 estações de TV e 2 milhões de aparelhos receptores! Não há negar que o uso da TV, como solução de facilidade para obter paz, qual chupeta que abafa o choro, modifica a atmosfera do lar, transforma o estilo de vida de uma família, enfraquece singularmente a influência dos pais. A saturação da solicitação exterior debilita a vida interior, o poder da crítica, o gosto da iniciativa.

É assim que as rédeas do governo de uma casa e a influência espiritual sobre as almas em formação passam às forças estranhas que impõem sua tirania, sob a máscara inocente da diversão e da cultura!

Cumpre, pois, aos pais exercerem sua autoridade no uso da televisão e na escolha dos programas. Planejem juntamente com os filhos a seleção dos programas e sejam rigorosos na escolha feita para os próprios adultos, já que o exemplo é o melhor fator de sugestão e de obediência. Juntos estabeleçam o horário a ser observado e a obrigação de não serem prejudicadas as tarefas escolares. Animem as crianças a expressarem suas preferências, a justificarem seu entusiasmo por esta ou por aquela personagem, a analisarem as excelências e as falhas dos programas. Procurem auxiliar os jovens a fazerem boas escolhas e a cultivarem os interesses novos originados das sessões de televisão. Mostrem a beleza de certos temas. Habituem os meninos à crítica, demonstrando, de quando em vez, que nem tudo quanto a tela ostenta merece fé. Estimulem no sentido de serem recusadas, com decisão, as sugestões multiformes do mal e aceitas, com exaltação, as grandes lições de nobreza. É dessa forma que os pais poderão atuar sobre o inconsciente dos filhos, gravando neles a convicção de que agir bem é sempre fonte de segurança e de felicidade, malgrado os embates que a conduta honesta possa acarretar. Se houvesse nos lares um sistema eficiente de boicotagem aos maus programas, bem como o hábito de protesto junto aos patrocinadores de programas, sempre extremamente sensíveis à crítica, é certo que a televisão trataria imediatamente de melhorar a qualidade de sua produção. É preciso dar aos pequenos hábitos de seleção e exemplos de ação social.

Por outro lado, é preciso saber utilizar a experiência televisora, como pontos de partida para as aulas. Há programas que incentivam a curiosidade intelectual, deslumbram pela glorificação do saber e tantalizam pela concessão de prêmios valiosos. Por que não aludir aos mesmos, estimulando a participação em concursos e comentando as performances intelectuais ou altruístas?

A atitude de solidariedade face a certas calamidades públicas tem demonstrado progresso no trabalho essencial de afinar sentimentos. O sucesso de programas puramente espirituais também faz entrever possibilidades imensas para a formação da consciência.

O que é essencial é que se livre a criança da influência dissolvente com a mesma urgência com que a livramos de um automóvel que perde a direção. Quanta ansiedade diante de um perigo material. E quanto descaso diante da corrupção subterrânea desses agentes do sensacionalismo!

O rádio, fundo sonoro da vida moderna

A criança de hoje cresce, brinca, trabalha, sofre num mundo sonoro. E o fenômeno musical tende a atordoar cada vez mais os nossos ouvidos. Há no Brasil cerca de 1.500 estações emissoras e 8 milhões de aparelhos receptores. O rádio se tornou o "3° Homem", sempre presente. É a evasão. É uma vida paralela à da realidade. Traz como que uma intoxicação permanente que age sobre o nosso físico e sobre o nosso psiquismo. A saturação do barulho incapacita de concentrar a atenção.

Quando é que o programa de rádio se torna nocivo? Muito difícil de responder. Tudo depende de sua duração, da freqüência com que é ouvido, da sua adequação ao temperamento e ao estado de alma do ouvinte. Tudo depende ainda da mensagem radiofônica e da sua apresentação.

É certo, todavia, que a criança reage desfavoravelmente ao som muito forte e ao programa feito para o adulto, o qual provoca emoção desproporcionada com o grau de sua maturidade. Audição sem compreensão determina enervamento: leva a exteriorizações ruidosas e agressivas. Ao contrário, quando se trata de programa feito para criança, mesmo que não seja integral a assimilação do conteúdo, há possibilidade de identificar-se com as personagens e conseqüente liberação. O clima emocional criado pela música, o poder afetivo das vozes, a arte dos ruídos, todo esse aparelhamento empresta asas à imaginação. O jogo dos silêncios, o mistério das narrativas construídas em vista dos desfechos sensacionais exacerba o interesse e a emoção. A sensibilidade infantil registra fundamente a ação representada. E as idéias-força gravadas em sua mente determinam imitação quase que irresistível.

O rádio é, pois, força educativa poderosa. Pela sua simplicidade, permite imaginar cenários e expressões. Que arma para uma boa formação se acaso os programas fossem inspirados não só pela arte, mas também pela psicologia e pela moral!

A audição do rádio deve obedecer a um regime, a uma dieta: nem de mais, nem de menos. Atuando apenas sobre o ser exterior, prejudica, quando usado em excesso, o desenvolvimento do ser interior, dificultando a reflexão e o trabalho das faculdades criadoras. Todavia, a concentração do espírito pode ser intensa, segundo o temperamento do ouvinte, quando o programa de rádio é puramente musical. O que se deve evitar é a escravização, a mania. Habitue-se a criança a desligar o aparelho tão logo finalize o programa infantil: ela perceberá, dessarte, que o rádio desempenha funções determinadas, não devendo ser usado indiscriminadamente. Habitue-se igualmente a criança a acompanhar o programa com atenção: é esse um hábito que favorece a aprendizagem. O comentário após o programa será útil também do ponto de vista do treino auditivo consciente e intenso. Sem essas precauções, a influência dos pais na zona profunda do ser infantil será facilmente anulada ou passará para segundo plano. As personalidades em formação tornar-se-ão joguetes de produtores desalmados que lançam aos quatro ventos seus programas dissolventes.

Grande proveito traria a criação de rádio clubes, a exemplo dos cineclubes. Formação urgente a ser ministrada, pois o rádio está se tornando uma das preocupações favoritas das horas de lazer e o fundo sonoro da vida moderna.

O disco

Graças à perfeição de sua técnica, o disco é atividade recreativa valiosa.

O disco representa uma seleção feita de acordo com o nosso gosto. Está sempre ao nosso dispor. Permite a renovação de emoções estéticas e uma impregnação profunda em nossa alma de textos e de músicas. As audições de discos apresentam-se com uma carga afetiva que pode ocasionar grandes alegrias. Evocando lembranças queridas, cultiva o mundo da afetividade.

Ora, a afetividade tem, sobretudo na infância, uma atuação extremamente importante. Na época em que nem a inteligência, nem o senso social, nem a experiência podem contrabalançá-la, age ela soberanamente sobre a vontade. É, pois, de suma importância educá-la e equilibrá-la. Ora, a música atua diretamente sobre a afetividade, sem passar pelo intermediário das representações imaginativas ou das convenções adquiridas. É elemento educativo de um prestígio incontestável.

A boa música afina os sentimentos; muitas experiências têm sido feitas com delinqüentes, com resultados surpreendentes. É fator de elevação da alma, e, por isso mesmo, favorece os atos de religião.

O disco, melhor que o rádio, fará esse trabalho de cultura artística. É garantida sua excelência. É fácil sua escolha. É possível a sua adequação.

As berceuses, as canções populares, a música descritiva, os contos musicados, os negro-spirituals, os hinos religiosos etc., são fontes excelentes de educação musical.

O magnetofone

O magneto fone substitui o disco pela sua comodidade.

Registra, em fitas magnéticas, a voz humana, o disco, as emissões do rádio. A fita tem longa duração, e pode ser utilizada indefinidamente, pois que um novo registro fará desaparecer o primeiro.

O magnetofone está fadado a prestar os maiores serviços na escola. Traz auxílio considerável aos cursos de dicção e de eloqüência, assinalando as fraquezas da composição e os defeitos da elocução.

É no campo da imagem e do som que os grandes educadores deveriam atuar com maior urgência. Essas fontes poderosas de educação popular não podem ficar eternamente entregues à exploração puramente comercial. Está em jogo o futuro da moralidade. Não é verdade que uma Nação só vale em razão do valor moral dos seus filhos?

X – O RECREACIONISTA E SUA MISSÃO

A personalidade do recreacionista

O recreacionista é o educador privilegiado. É o grande que vem brincar com o pequeno. Vem satisfazer a anseios dos mais profundos da criança, que são: viver em grupo, brincar, desfrutar da companhia do adulto, igualar-se a ele realizando as mesmas façanhas. O jogo supervisionado toma um caráter mais sério que o brinquedo livre, porque mais organizado e mais eficiente. Toca já as fronteiras do trabalho, pois permite um esforço mais contínuo e mais intenso. É assim valorizado.

Todavia, o caráter primacial das atividades recreativas deve ser sempre o prazer. Por isso mesmo, devem elas visar ao entusiasmo, à adesão inteira da vontade, da sensibilidade e da imaginação.

Para tanto, a primeira exigência para educar pela recreação é dispor o recreacionista de uma personalidade adequada à sua missão. A brincadeira mais banal – a de anel, por exemplo – quando realizada em grupo espirituoso e animado, torna-se apaixonada diversão.

O aspecto exterior já pode ser em si uma apresentação festiva. Há fisionomias que são escola de recreação. O sorriso é a manifestação mais evidente da alegria. Em qualquer idade, somos ávidos de compreensão. E o sorriso é o sinal público da simpatia e do acolhimento.

Um grupo de crianças de sete anos que nunca haviam penetrado numa escola, inquiridas sobre as preocupações que a estréia da vida escolar lhes trazia, respondeu todo ele da seguinte forma: "Será que a professora é alegre, sorri sempre, não é zangada?". O sorriso é a garantia tangível da segurança. "Onde há sorriso não há problemas", concluem os jovens.

O sorriso deve vir acompanhado da disposição para o movimento. Educação é influência, é contágio, é dinamismo. A atitude decidida de quem sabe o que quer, embora não queira dominar, arrasta na sua esteira a coletividade. Nada mais comunicativo que o desejo de movimentar-se. A única precaução a tomar é evitar a perda de tempo e a anarquia.

O recreacionista deve amar as crianças. A essência da profissão de educador não é acaso o sentido da gratuidade? O amor é que deve constituir para ele a fonte do interesse real das atividades; é ele que levará a participar efetivamente, e não formalmente apenas, da alegria do grupo. Educação é dom afetivo, é clima de confiança, é atmosfera de compreensão e não apenas técnicas, por mais perfeitas que sejam. A criança, melhor que ninguém, sabe distinguir o que é feito por dever e o que decorre da afeição sincera.

Por amor à criança, deve o recreacionista cultivar determinadas virtudes. A pergunta a ser formulada constantemente não é: "Que devo fazer?", mas sim aquela que leva ao aperfeiçoamento: "Como devo ser para educar?". A personalidade bem ajustada irradia influência irresistível e gera bons sentimentos. Os olhos dos recreandos fixam-se muito mais na personalidade do recreacionista do que nos seus ensinamentos.

Um dos segredos do recreacionista é suscitar rápida organização. Favorece a adesão de boa mente à vontade do grupo. Criar uma atitude de disponibilidade para o que for decidido, pelos líderes ou pela maioria. Boa educação é aquela que se adapta adequadamente às circunstâncias da vida. Pode-se até dizer que os acontecimentos não têm importância; o que importa é nossa reação aos mesmos. Ora, é na praça de jogo que se aprende melhor essa técnica preciosa da adaptação. No jogo da bola, por exemplo, cada bolada cria uma situação nova. É preciso destreza, resistência, bom-senso, para resolver adequadamente e com rapidez cada problema novo que se apresenta.

O recreacionista deve praticar e ensinar aos educandos a higiene mental, que é o segredo da felicidade interior, do bem-estar da alma, da constância na serenidade. A higiene mental, filha da imaginação hem orientada, é o antídoto do mau-humor, da neurastenia, do tédio, fatores todos de desintegração do indivíduo e da sociedade; é a arte de criar interesses novos que tragam diversão; é aceitação dos fatos e das pessoas sem irritação, com tolerância e benevolência oriundas da compreensão.

> "Não podemos evitar, dizem os chineses, que as aves agourentas voem sobre nossa cabeça, mas podemos evitar que façam ninhos em nossos cabelos."

A higiene mental é o mecanismo da eliminação da contrariedade, é a técnica do recalque sadio, da sublimação dos desejos anti-sociais, é a disposição permanente para o riso, para a alegria. Essa disposição possibilita a saúde mental e facilita conseqüentemente a elevação do espírito.

O recreacionista deve cultivar a fantasia. O sentido do pitoresco, do inédito, da aventura, dá um caráter jovial à mentalidade. A fantasia é como a luz da tarde iluminando uma paisagem banal. Ela tudo transforma. As encostas áridas douram-se e os matagais inexpressivos se incendeiam. A fantasia é paleta rica, sempre a renovar-se. Improvisa. Adapta-se. Cria.

Numa excursão em que a chuva foi inclemente, observou-se, certa vez, reação admirável dos excursionistas. Nenhuma decepção. Nem saudosismo, nem queixas. Preocupação apenas de tirar o melhor partido das circunstâncias. E o passeio tornou-se um sucesso. Foi notável o trabalho de aperfeiçoamento moral, pois em cada um dos participantes houve um esforço imenso para sublimar os impulsos de derrotismo e de mau-humor.

É famosa a Peregrinação de Estudante que se faz anualmente a Chartres. São centenas e centenas de rapazes e moças que, a exemplo do que fizera Péguy, enfrentam uma caminhada estafante para assistirem à missa da manhã na Catedral de Chartres. O clima de entusiasmo nessas peregrinações é tão intenso que a fadiga não pesa. Essa tradição vem sendo imitada entre nós na Peregrinação a Aparecida. Os estudantes saltam do trem em Lorena para fazerem a pé, à noite, o percurso até à Cidade da Virgem.

Realizações como essas ensinam o menosprezo ao conforto, o desafio às energias, o gosto pelo sacrifício aceito em vista de um benefício espiritual.

Recrear-se é arte que se aprende, mesmo depois de adulto. Basta para tal a informação técnica, o desejo de apurar as qualidades requeridas pela jovialidade, a freqüentação de pessoas prazenteiras.

O estágio junto a uma personalidade alegre, otimista, de gostos simples, construtivos, é a melhor escola do recreacionista. De nada vale a hora de lazer, o diploma de técnico, o conhecimento pedagógico, se não existir o espírito recreativo.

Por fim, o recreacionista deve ser um mensageiro da ética, pois o jogo faz constantemente apelo à lealdade, à correção, ao fair-play.

O espírito recreativo

O espírito recreativo é aquele que está sempre alerta para utilizar o elemento jocoso dos acontecimentos. É achar graça na vida. É saber divertir-se com pouca coisa. É gostar da risada; explorar o lado pitoresco das coisas; dominar totalmente o sofrimento. A risada determina uma descarga emocional, restabelece o equilíbrio do sistema nervoso, cria o bom-humor. "O sorriso dos lábios facilita o sorriso da alma." O *sense of humour* dos anglo-saxões torna a vida social agradável e o trabalho atraente; é o testemunho flagrante de que se pode educar um povo para a alegria. A "piada" é antitóxico que alivia a tensão criada pelos dramas da vida.

Claudel, o genial diplomata francês, declarou-se encantado quando, em Washington, teve de tratar de assuntos oficiais enfadonhos e delicados. Os funcionários do Departamento de Estado tinham sempre uma piada para temperar o calor da discussão. Aliás, o dito chistoso é excelente arma na diplomacia como na arte de viver.

O espírito recreativo resolve a maioria dos dramas infantis. É remédio eficaz para a agressividade excessiva. Facilita sobremodo a tarefa dos educadores, porque predispõe os educandos à docilidade.

A piada era o segredo do prestígio junto aos jovens do herói do famoso filme *Good-bye, Mr. Sheeps*. O dito jocoso desdramatiza a violência das situações de rebeldia da vida escolar. A cólera da mocidade cede ante a palavra de espírito. Conheci duas pequenas geniosas que se acalmavam instantaneamente quando a mãe, diante das suas cenas, exclamava numa gargalhada: "Oh! raça de jacaré com aranha..."

O espírito recreativo supera a monotonia do trabalho. Transforma a profissão em prazer. Dá asas à fantasia, inventa recursos contra a rotina, cria diversão, mudança de ocupação, alterna a ação com o repouso, a tensão com a descarga emocional. Multiplica os interesses e de cada um tira nova riqueza de experiências agradáveis. O espírito recreativo é disposição permanente para a alegria, reação sistemática de otimismo frente aos acontecimentos! É a faculdade de ocupar-se sem se preocupar, o poder de aliviar a tensão para encarar a vida como um desafio às nossas capacidades. É o hábito de relaxar os músculos, de sobrepor habitualmente ao processo do trabalho atitude mental de sossego e de diversão. É uma tendência a introduzir zonas de recreio no possível enfado do cotidiano. É, enfim, a fuga sadia à realidade constrangedora.

O espírito recreativo é formação que se adquire no lar, que se leva de casa para a escola e para a vida. As memórias da infância que consolam no sofrimento são as das horas felizes das excursões, das histórias, dos brinquedos cantados, dos livros de imagens, das cantigas, das palestras familiares, das refeições em comum.

Na colônia de férias do "Paiol Grande" (Campos do Jordão) existe um prêmio para o "topa-tudo", para aquele que, durante a temporada, aceitou com boa disposição todos os projetos e toda a rotina da vida colonial. Nossa atitude de adulto não deve ser outra senão a do "topa-tudo".

O espírito recreativo torna independente, pois que dá iniciativa e habilita o indivíduo a bastar-se a si próprio. É qualidade difícil de se conservar. Com efeito, muito raro é encontrar alguém que goste de estar só! E que se divirta com pouca coisa! E que arraste os outros na esteira de sua alegria!

A melhor prática para afugentar o tédio é cultivar grande variedade de interesses. "A variedade é o tempero da vida", diz um provérbio alemão. Mudar, nem que seja para pior, é medida de efeito salutar.

A recreação não reside no objeto ou na atividade em si, mas na disposição em que estamos de, por meio dela, desfrutar o prazer. A felicidade reside em nós. Não basta o entretenimento para gerar alegria. Felicidade é problema de consciência, de ordem, de superação. Bem-estar é resultado de ascese, a qual mais se acentua nas horas de lazer.

O espírito recreativo desenvolve singularmente a virtualidade da liderança. É fácil seguir a quem nos faz rir e a quem nos ensina o segredo da felicidade pessoal.

O estímulo e os interesses profundos da criança

A criança não é um adulto em miniatura cujo comportamento errado nos incumbe corrigir e cuja ignorância nos cabe sanar. A criança é um ser *sui generis*, original, muito diferente do adulto, com necessidades bem caracterizadas. Seu desenvolvimento obedece a determinadas fases que se sucedem em ordem constante. Essas fases manifestam-se pelos impulsos em que impelem para certas atividades.

Esses impulsos são os interesses profundos.

Quando o pequeno obedece aos interesses profundos, ele se sente feliz e não se cansa. Assim, na fase de engatinhar, ele se movimenta o dia inteiro, com uma satisfação que lhe ilumina o rostinho todo. Haja chão, nesse momento, a fim de que as energias sejam empregadas até à saturação, pois se forem reprimidas irão armazenar frustrações para o futuro.

As fases de desenvolvimento devem ser respeitadas. As mães gostam de ativar os bebês. Orgulham-se da precocidade dos seus filhos, esquecidas do ditado que diz sabiamente: "O que é precoce é precário". Com efeito, é perigoso não guardar o amadurecimento necessário ao exercício de uma aptidão nova. Forçar a andar seria um erro, como um erro grave seria castigar a criança pequenina que não adquire rapidamente hábitos de limpeza. Sugerir continuamente os jogos impede a criação, o sonho, a descarga emocional. Deve haver equilíbrio entre o jogo espontâneo e o jogo dirigido. Dizia Rousseau que a regra mais útil em educação "não é ganhar, mas sim perder tempo". Assistir; deixar fazer; participar da iniciativa infantil são regras de ouro em educação.

Por isso mesmo, a atitude do educador não deve ser a de um polícia que assegure a ordem, nem tampouco a de um moralista que tenha sempre um preceito nos lábios. O educador deve ser um guia, um orientador, um animador, sereno, paciente. Para tal, precisa observar a criança, descobrir-lhe as capacidades, analisar os motivos que a levam a agir, a fim de poder gerar interesses, respeitando sempre o ritmo de cada educando. O recreacionista, como o professor, como os pais, deve preferir uma ação indireta, silenciosa não raro, à intervenção sistemática, embora seja constante a sua vigilância. Seu papel é o de criar oportunidades, de compor um ambiente favorável à atividade, de arredar empecilhos, de suscitar e de manter o entusiasmo, de levar ao planejamento bem como à análise de resultados. A arte do estímulo está na descoberta e na satisfação dos interesses profundos da criança.

A criança debate-se constantemente com as forças contraditórias que traz em si: coexistência de amor e de ódio pelas pessoas mais queridas; timidez e desejo de ser importante; medo e anseio de atividades arrojadas, impulso para a limpeza e para a sujeira, para a construção e para a destruição. Eis por que precisa encontrar em seu ambiente compreensão, equilíbrio, afeição e segurança. Ferrière salienta bem essa contingência, aliás exacerbada, em que vive a criança moderna:

> "Se a criança sadia, diz ele, equilibrada e colocada em condições ideais, se desenvolve perfeitamente bem por si mesma, a maioria das crianças que vivem em cidades modernas já é desequilibrada ou semi-equilibrada antes mesmo do início do seu desenvolvimento".

O fator que mais equilibra a criança é a atividade, para a qual é normalmente impelida por uma necessidade orgânica. A exigüidade do apartamento traz limitação permanente a esse impulso vital. Ora, na recreação, a criança expande essa necessidade de atividades que a realiza, que a desenvolve e que a liberta principalmente dos conflitos das ambivalências.

O recreacionista favorece essa disposição habitual dos jovens. Sua função essencial é assegurar com oportunidade as atividades dos mesmos. Não lhe deve bastar o reclame, a propaganda, a solicitação exterior: o estímulo deve fazer funcionar a necessidade interior de atividade, que muitas vezes se acha inibida e necessitando de emulação. Um dos melhores índices de maturidade é a disposição habitual de agir para satisfazer a imperativos interiores e não para satisfazer o desejo de aparecer e de merecer elogios.

O estímulo requer dos especialistas qualidades de personalidade especiais: argúcia psicológica, liderança, jovialidade comunicativa, saúde física e mental. Além do conhecimento das técnicas, cumpre possuir formação espiritual sólida. O recreacionista recebe o indivíduo numa situação total. Sua influência deveria penetrar esse todo, essa personalidade integral e marcá-la para a eficiência em todos os planos: físico, intelectual, emocional e espiritual. Num sistema educacional ou de serviço social, o divertimento é um meio para o exercício das formas democráticas da vida e para a aquisição das virtudes que se requer de um cidadão prestante. O estímulo deve, pois, se informar dessas altas finalidades.

Estimular não é oferecer seus dotes, mas sim fazer descobrir ao outro suas próprias riquezas, suas possibilidades. Nesse sentido, estimular é confiar. A confiança revela o homem a si mesmo e aos outros, arrancando-o da mediocridade e alçando-o a realizações invulgares. Com efeito, estimular é comunicar ardor, vivacidade; é determinar um esforço, arrastar a uma resolução, obter atitudes que não sejam habituais. Para que o estímulo seja eficiente, deve ele se basear nas possibilidades físicas e de temperamento do estimulando.

Na recreação, essa condição é essencial. Um treinador que se equivoque no seu diagnóstico e leve um adolescente a um esporte que não lhe dê oportunidade de sobressair e de se realizar arrisca--se a desencorajar ao invés de estimular.

O estímulo decorre da oportunidade, da isenção de interesse pessoal e da disposição jovial com que é feita uma sugestão. Ele mantém a sua continuidade através da valorização dos esforços tanto individuais quanto do grupo. Essa valorização não deve ser eivada de adulação: é o simples registro do que é bem feito acompanhado de aprovação. Louva-se o ato e não a pessoa. À medida que a qualidade dos resultados vai melhorando, vai sendo reforçado o estímulo interior, dispensando-se a pouco e pouco a aprovação exterior.

As demonstrações públicas são às vezes necessárias para manter o entusiasmo; convém, todavia, não darem lugar a exibicionismos prejudiciais.

Num coral de meninos, um sacerdote canadense conseguia prevenir as tentações de vaidade convencendo os pequenos que o coro é que produzia os efeitos mais belos; ele é que permitia o realce dos solistas; a ele, pois, devia ser reservado o louvor. Os prêmios eram destinados àqueles elementos que demonstrassem mais dedicação, disciplina, convicção. O solista era integrado no coro e não corria assim o risco de hipertrofiar o seu valor.

Com efeito, maior importância deve ser dispensada ao indivíduo do que ao seu talento; por isso mesmo, é delicada a tarefa do estímulo. Quantos artistas não sofrem de suscetibilidade mórbida, não retirando dos seus dotes senão vanglória ridícula e tormentos de melindres pueris?

O orfeão selecionado, por exemplo, numa escola, deveria ser constituído de elementos indicados pelas turmas. Constituiria dessarte, uma representação aceita tacitamente por todos e não um privilégio concedido a alguns pelo professor. Essa representação impõe sacrifícios; os louros colhidos não despertam inveja, porque são ganhos à custa de um esforço patente.

No Jardim de Infância, a bandinha também deve obedecer ao mesmo princípio: ser acessível a todos. A escolha dos instrumentos há de ser livre e deve poder variar segundo, não o capricho, mas as necessidades da criança.

A valorização é uma arma de dois gumes: pode exaltar o egoísmo de uns e provocar o despeito de outros. Ela só reforça a vontade quando se dirige a cada um na medida em que se torna necessária. É mais eficaz ainda quando ela parte do próprio grupo e não do dirigente. O pré-adolescente, em especial, dá mais valor à aprovação do grupo do que à do adulto. Cumpre ao dirigente orientar discretamente o grupo como um todo no sentido de fazer a assimilação dos arredios e dos ineficientes.

O estímulo é, pois, a alma da recreação; é ele que cria o entusiasmo, que duplica as potencialidades. "A criança não é um vaso que se enche, mas um fogo que se acende", dizia Rabelais. Ora, o entusiasmo é força socializadora; faz desaparecer aquilo que separa os membros de uma comunidade. Desperta o apetite vital e leva às realizações mais surpreendentes. O clima de eficiência é a melhor fórmula para criar euforia e rendimento total.

O estímulo é respeito pelo esforço. É apreciação e simpatia. É justo orgulho da realização alheia. Um simples sorriso de satisfação, uma referência, uma palavra de aprovação pode compensar esforços intensos. Tomar conhecimento de um trabalho, mostrar que se sabe a paciência empregada, exteriorizar o desejo de perseverança, evidenciar confiança na capacidade, são motivos que inflamam o entusiasmo.

De certa forma, pode-se dizer que educador é aquele que possui a arte de estimular. É aquele a quem não passam despercebidos os esforços e os progressos dos educandos.

A dissipação e a recreação pré-fabricada

Dissipação é recreação comercializada que se obtém por preço alto e cuja recompensa é, não raro, cansaço e decepção. A vida moderna oferece grande número de satisfações vulgares, que não requerem esforço interior, uso da razão ou emprego da vontade. Nem mesmo precisamos ler ou pensar, pois os "quadrinhos" fazem por nós esse trabalho. Os estímulos da tela ou do palco nos envolvem num turbilhão de emoções, via de regra superficiais. As conversas maledicentes que fazem rir à custa dos defeitos alheios ou da crítica dos princípios morais; as leituras degradantes; a competição esportiva que estimula o desejo de triunfar para humilhar; as reuniões fúteis, eis alguns dos lazeres que nos levam a desenvolver apenas o nosso ser exterior e que nos arrastam gradativamente à situação de vítimas de nossas sensações, as quais são tiranas impiedosas.

Essas atividades não são recreativas, mas sim dissipadoras.

Dissipar é malbaratar. É gastar sem discernimento. Nessa recreação passiva ou vulgar, gastamos nossa vida interior. Essas experiências não nos enriquecem, porque não são significativas.

Dissipação é, não raro, intemperança. Intemperança no divertimento, como aliás em qualquer atividade, compromete a saúde física e psíquica, tanto quanto a preguiça. Saber descansar é uma arte que se está desaprendendo. O melhor dos esportes para a nossa era febricitante é o repouso. *Repouso* não quer dizer *inércia*. Exceto nos casos de esgotamento, repousar pode significar mudança de ocupação, pode ser reflexão, pode ser o emprego de energias novas, pode ser meditação sobre o valor moral da nossa vida.

O que torna nossa atividade fatigante é um desejo excessivo de sucesso. Diante de Deus, como diante do homem consciente, é ao esforço e não à realização que deve estar ligado o merecimento.

Os sistemas de relaxamento metódico dos músculos que se conservam habitualmente tensos está se tornando popular: é ginástica que elimina as toxinas, essa grande fonte de cansaço, e mantém o equilíbrio do sistema nervoso. O relaxamento dos músculos faciais, por exemplo, tem repercussão mental imediata. Inspirados nas técnicas do Oriente os métodos de relaxamento garantem uma independência muscular essencial à arte dos movimentos, à economia do gesto e do esforço; afinam as faculdades de receptividade; corrigem uma série de inibições e evitam o desperdício de energias; cultivam o senso da medida e a serenidade.

Dissipação é ainda fuga. Fuga do futuro e à angústia do presente.

Integração da recreação num sistema de valores

A criança é dócil à educação que recebe. Não a discute. Incorpora-a à sua vida, cristaliza hábitos de acordo com as atitudes dos seus educadores. Desde o hábito de guardar os brinquedos por determinada forma, de bem comer ou de emprestar espontaneamente o que é seu, até o dever de respeitar a propriedade alheia ou de dizer a verdade, tudo se apresenta aos seus olhos com igual importância, porque tudo é sujeito à aprovação ou reprovação do adulto.

Não é fácil à criança estabelecer uma escala de valores. Os pequeninos ritos da vida familiar, porque mais repetidos, têm, em via de regra, maior ênfase do que as atitudes morais.

Acresce que, para uns como para outros, pais e mestres usam as mesmas expressões: "É feio pôr os cotovelos na mesa, é bonito andar de mãos limpas; é feio mentir, é bonito dar um brinquedo a uma criança pobre". Daí, certa confusão no espírito da criança, certa dificuldade em estabelecer uma hierarquia de valores em relação aos seus atos.

É imprescindível, pois, para os pais, a elaboração precisa de uma filosofia de vida que venha a estabelecer uma hierarquia nas exigências feitas na obra educativa. Sendo a criança um composto de alma e de corpo, é evidente que a educação integral deve desenvolver as faculdades de ambos, tendo em vista sua harmonia, mas insistindo sempre na subordinação da matéria ao espírito. Educação integral é, à vista do exposto, a cooperação do indivíduo com a graça divina que nele se encontra, bem como a orientação de vida e a instrução que lhe são proporcionadas, a fim de realizar-se a personalidade plenamente, tanto no plano humano, como no plano sobrenatural.

A educação visa, em síntese, a proporcionar à criança a maior soma possível de Verdade, o mais acendrado amor ao Bem e a mais fina apreciação do Belo. A tarefa do aperfeiçoamento do indivíduo será, pois, a do aperfeiçoamento total. A personalidade é uma unidade. O que comemos tem repercussão no nosso pensamento assim como nossa recreação influencia certamente nossa vida espiritual.

Se é verdade que aquilatamos o valor moral de um indivíduo pela sua conduta social, é óbvio que a educação em todos os seus aspectos deve visar a uma finalidade principal: vida social cristã. Conseqüentemente, a recreação, como aliás a instrução, não pode ser neutra. Ademais, nossos atos, por mais banais, envolvem uma implicação religiosa. A vida da criatura humana só tem significação em referência ao seu Criador e à Sua divina vontade. É a religião que "promove a força unificadora de tudo quanto é elevado e de tudo quanto há de melhor na natureza humana". Eis por que a utilização das horas de lazer deve ser feita dentro de um quadro de valores eternos. O critério de uma boa recreação é o aumento em nós da sede do aperfeiçoamento, do anseio de virtude social, isto é, de disponibilidade para servir, de disposição para o sacrifício, em vista de mais profunda paz e de maior unidade.

O programa de atividades recreativas deve, conseqüentemente, dar preferência àquilo que leve à vida cristã. O Bandeirantismo e o Escotismo são organizações típicas dessa superior preocupação de formação espiritual através da recreação. As atividades socioculturais da Ação Católica são igualmente iniciativas que imprimem ao divertimento o espírito cristão. As colônias de férias, em França, que já ultrapassaram três mil, conservaram, via de regra, a tradição dos patronatos: educação moral e religiosa através da recreação. Mais de um milhão de crianças se beneficiam desse tipo de férias e muito lucram as classes formais com o treinamento dos métodos ativos por parte dos professores encarregados das colônias. As paróquias estão também organizando excelentes programas recreativos, dentro do mesmo espírito.

A mocidade que teve em seu lar o exemplo de como pode o espírito se recrear intensamente ao mesmo tempo que é favorecido o amor de Deus e do próximo, bem como o respeito à comunidade em que se vive, entra na vida com um programa sadio de ocupação dos seus lazeres. Possui a técnica de alimentar sua piedade, de se defender dos ambientes deletérios, de analisar a qualidade de influência produzida pelos passatempos adotados. Todos os gêneros de divertimentos oferecem possibilidade de recreação sadia; o problema é não de supressão, mas de seleção, de justa medida e de integração.

Podemos concluir que a recreação é fator educativo tão importante ou quiçá mais importante que o estudo. O brinquedo, o jogo, o esporte, as excursões, as atividades criadoras, a música, a leitura, a conversa e até mesmo a desocupação da mente, o devaneio e o trabalho construtivo da imaginação são atividades transformadoras para as quais há necessidade de treino, de adequação, de orientação segura. O dia em que a criança integra no seu espírito a noção do valor moral e do valor espiritual do divertimento e lhes dá preeminência nas suas escolhas, nesse dia atinge o educador suas altas finalidades.

Em suma, a boa pedagogia educa para o sadio emprego das horas de lazer com vistas ao bom ajustamento familiar e social, à plena realização da personalidade e ao equilíbrio interior. É na medida em que o recreacionista proporciona ao educando uma iniciação progressiva na utilização humanizadora de sua atividade extraprofissional, lembrado de que a profissão do homem é a mais importante de todas, que este poderá transformar seu tempo livre em ensejo feliz de harmoniosa expansão.

O humanismo da recreação integra o homem na comunidade vencendo o isolamento insuflado pelo egoísmo. Favorece a receptividade às idéias alheias. Abre as portas do coração ao semelhante. É a jovialidade espancando o drama da vida. É a vitória da serenidade sobre a angústia — esse "mal do século", essa epidemia psicológica que tem por causa a substituição dos valores eternos por valores perecíveis. É a preparação da alma para a descoberta das suas finalidades, quando o programa adotado não é feito de mediocridade, mas sim de realizações capazes de levar o indivíduo às fronteiras dos seus ideais.

Oxalá possam nossos recreacionistas, bem como nossos educadores, recitar, com Claudel, aquela sua magnífica oração:

> "Senhor, deste-me o poder de fazer cantar todo aquele que de mim se aproxima. É como se, baixinho, eu lhes comunicasse o compasso..."

Personalidades que assim despertam a alegria de viver são fadadas a grande influência social, pois as crianças como os adolescentes, e mesmo os adultos, deixam-se fascinar por aqueles que anunciam a felicidade.